人文社科
高校学术研究论著丛刊

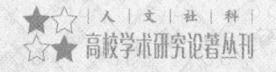

应用文写作理论与实训研究

陈嘉瑜　王良娟　著

中国书籍出版社
China Book Press

图书在版编目(CIP)数据

应用文写作理论与实训研究 / 陈嘉瑜, 王良娟著.
-- 北京：中国书籍出版社, 2022.4
ISBN 978-7-5068-8971-1

Ⅰ.①应… Ⅱ.①陈…②王… Ⅲ.①汉语 – 应用文 – 写作 – 研究 Ⅳ.① H152.3

中国版本图书馆 CIP 数据核字（2022）第 054539 号

应用文写作理论与实训研究

陈嘉瑜　王良娟　著

丛书策划	谭　鹏　武　斌
责任编辑	张　娟　成晓春
责任印制	孙马飞　马　芝
封面设计	东方美迪
出版发行	中国书籍出版社
地　　址	北京市丰台区三路居路 97 号（邮编：100073）
电　　话	（010）52257143（总编室）　（010）52257140（发行部）
电子邮箱	eo@chinabp.com.cn
经　　销	全国新华书店
印　　厂	三河市德贤弘印务有限公司
开　　本	710 毫米 × 1000 毫米　1/16
字　　数	234 千字
印　　张	14.75
版　　次	2023 年 1 月第 1 版
印　　次	2023 年 1 月第 1 次印刷
书　　号	ISBN 978-7-5068-8971-1
定　　价	75.00 元

版权所有　翻印必究

目 录

第一章 应用文写作概述 ………………………………………… 1
 第一节 应用文的内涵 ………………………………………… 1
 第二节 应用文的主旨与材料 ………………………………… 8
 第三节 应用文写作的要求与思路 …………………………… 15
第二章 行政应用文写作实训研究 ……………………………… 23
 第一节 行政应用文的概念与分类 …………………………… 23
 第二节 行政应用文的特征与作用 …………………………… 27
 第三节 行政应用文的写作技巧研究 ………………………… 31
第三章 经济应用文写作实训研究 ……………………………… 68
 第一节 经济应用文的概念与分类 …………………………… 68
 第二节 经济应用文的特征与作用 …………………………… 70
 第三节 经济应用文的写作技巧研究 ………………………… 72
第四章 事务应用文写作实训研究 ……………………………… 107
 第一节 事务应用文的概念与分类 …………………………… 107
 第二节 事务应用文的特征与作用 …………………………… 108
 第三节 事务应用文的写作技巧研究 ………………………… 111
第五章 法律应用文写作实训研究 ……………………………… 138
 第一节 法律应用文的概念与分类 …………………………… 138
 第二节 法律应用文的特征与作用 …………………………… 140
 第三节 法律应用文的写作技巧研究 ………………………… 143
第六章 社交礼仪应用文写作实训研究 ………………………… 166
 第一节 社交礼仪应用文的概念与分类 ……………………… 166
 第二节 社交礼仪应用文的特征与作用 ……………………… 167

第三节　社交礼仪应用文的写作技巧研究…………………… 169
第七章　科技应用文写作实训研究………………………………… 201
　　第一节　科技应用文的概念与分类………………………………… 201
　　第二节　科技应用文的特征与作用………………………………… 203
　　第三节　科技应用文的写作技巧研究……………………………… 206
参考文献……………………………………………………………………… 225

第一章　应用文写作概述

在当代社会生活中,应用文发挥着越来越重要的作用。它与我们的学习、工作、生活都有着直接且密切的关系,具有很高的实用价值。写一手规范且高质量的应用文,不仅对我们的工作大有裨益,也能有效提升我们适应现代社会的能力。在本章中,将对应用文写作的基本知识进行详细阐述。

第一节　应用文的内涵

一、应用文的含义

概括来说,应用文就是实用性文章的总称。在不同的时期,应用文的名称是有差异的。殷商时称"典册",秦时称"典籍",汉时称"文书",三国时称"公文",唐宋时称"文卷"。直到宋代时,才正式出现了"应用文"这一说法。

具体来看,应用文就是国家机关、企事业单位、社会团体、人民群众在日常工作、学习、生活中处理公共或是私人事务时所使用的、具有某种惯用格式和实际应用价值的文章。[1] 在现代管理中,应用文既是一种重要的管理手段,也是人们进行信息交流的一种重要工具。

---

[1] 张玉雁,徐鹏.应用文写作[M].沈阳:辽宁大学出版社,2017:2.

二、应用文的产生与发展

（一）应用文的产生

应用文的产生历史是十分悠久的，这通过考古学家的考古发现可以证明。在殷墟遗址出土的文物中，龟甲和兽骨的数量是极多的，而且很多龟甲和兽骨上都有文字。这些甲骨刻辞记录的多是占卜事宜，因而又被称为"甲骨卜辞"。甲骨卜辞是十分简约的，有的只有几个字，多的也只有一百余字。同时，甲骨卜辞在语法结构和语气方面呈现出一些共同的特征。由于甲骨卜所记录的占卜活动是由殷商王室进行的，因而甲骨卜辞堪称是王室的公务文书。这是我国迄今为止有据可查的最早的应用文，故而甲骨卜辞的出现也标志着我国应用文的正式产生。

在甲骨卜辞之后，商周时期又出现了另一种重要的应用文，即钟鼎铭文。钟鼎铭文是将文字铸刻在铜器上，有些记录了王室的活动，有些则记载了贵族之间所订立的契约。由于贵族间的契约是私人之间进行的，因而记载这一类内容的钟鼎铭文被认为是私务文书的雏形。

《尚书》的出现是应用文发展历程中一项重要的事件。《尚书》是我国现存最早且保存完整的文章总集，共收文章22篇，涉及虞、夏、商、周四代。从实质上来看，《尚书》就是一部应用文文集，它证明了我国应用文在先秦时期便产生了。不过，在先秦时期，应用文的发展是比较缓慢的，而且应用文的种类比较少，也未形成相对固定的结构模式。

（二）应用文的发展

自秦代开始，我国应用文的发展有了长足进展。在秦代时，应用文文体逐渐成熟，还确立了文书制度。秦始皇在统一六国、建立秦王朝后，统一了行文标准文字和文书体例。比如，用"制""诏"来称呼皇帝的命令，用"奏"来称呼臣子的上书，同时规定了"制""诏""奏"的规范书写格式以及皇帝的批复用语等。另外，秦代时还规定了文书书写时的"避讳"以及"抬头"的写法等。

进入两汉后，应用文有了更为细致的文体分类，而且体式更为规范。比如，这一时期的应用文有了上行文书、下行文书、官府移行文书、考绩管理文书之分，而且每一类型文书又包括多种形式。其中，上行文有"章""表""奏""议""策""疏"等；下行文有

"诏""令""诰""制""敕""策""戒""谕""教""檄"等；官府移行文书有"府书""牒"等。另外，这一时期有了"公"的称谓，"书记繁于公文，私务重于官事"（东汉荀悦《汉纪·武帝纪》）。

到了魏晋南北朝后，应用文的发展进入了一个新的时期。这一时期，应用文的理论著作有所增多，具有代表性的有魏文帝曹丕的《典论·论文》南朝梁代萧统编的《文选》、刘勰的《文心雕龙》等。其中，《典论·论文》对应用文体进行了分类，还指出了每一类应用文体的特点以及写作要求；《文选》指出了应用文的20多类文体；《文心雕龙》列出的文体有34种，其中应用文占绝大多数，同时书中全面阐述了各类应用文的源流演变、性质作用、构成要素以及写作要求等，因而被认为是我国第一部应用文理论巨著，奠定了我国古代应用写作理论的基础。

隋、唐、宋时期，我国文学的发展进入了高峰时期。在此影响下，应用文的发展也进入了高峰期。在这一时期，应用文有了更为多样化的文体，写作的格式也更为规范，还确立了新的文书制度，即"一文一事"，而且这一文书制度到现代仍在沿用。此外，这一时期的应用文写作被纳入科举考试之中，成为一项重要的考试科目。这一时期的应用文写作队伍日益扩大，不仅名家辈出，而且佳作不断。这表明，这一时期的应用文写作水平大大提升。还有一点需要注意的是，这一时期正式出现了"应用文"一词，不过对于"应用文"的概念和外延未进行了深入的解释，仅仅是将其作为一种文体看待。

进入元、明、清时期后，我国的封建社会制度日益成熟，但官僚体制所表现出来的腐朽与僵化也日益明显。在此影响下，应用文的发展逐渐走上了歧途，最为鲜明的表现是无论公务文书还是私务文书都日益烦冗，成为维护封建礼仪的一种工具。当然，这一时期的应用文发展也有一些可取之处，如应用文文体的分类更为详备，各种文体的格式也趋于定型化，公文的写法也更为规范。私人书信在这一时期也有了很大发展，出现了很多广为流传的书信名篇，如宗臣的《报刘一丈书》、顾炎武的《与友人书》、龚自珍的《与吴虹生书》、林觉民的《与妻书》等。

在清代时，著名学者刘熙载还对应用文进行了精辟论述。他在《艺概·文概》中说道："辞命体，推之可为一切应用之文。应用文有上行，有平行，有下行，重其辞乃所以重其实也。"刘熙载的这一说法，不仅指出了应用文的行文方向，还阐明了应用文的性质，即重实用、讲求实效。此外，后代学者对于刘熙载的说法，大都持肯定的态度，而且在研究应用文的性质时大都不出这一范围。不过,刘熙载并没有界定应用文的概念,仅仅是将其看作一种专用文体。

(三)应用文的繁荣

辛亥革命后,中国社会的发展进入一个新的历史时期。而伴随着社会的变革,应用文的发展也进入了一个新阶段。

自辛亥革命开始一直到中华人民共和国成立,是应用公文的重要变革期,即应用文逐渐由古体变为新体。辛亥革命之后,南京临时政府颁布了《新公文程式》,这标志着延续了几千年的旧公文体制被废除了。《新公文程式》中规定,政府公文主要有七种,分别是令、谕、咨、呈、示、公布、状;公文中不可以使用"老爷""大人"等带有尊卑威严观念的称呼,若需要出现这些称呼时应以"先生"或具体的职务来代替。后来,《新公文程式》中增加了公文的种类,共有13种,同时对"公文"进行了界定,即"凡处理公事之文件曰公文"。这在我国应用文的发展历史上是一个极有意义的事件,即第一次明确界定了"公文"的概念。

中华人民共和国成立后,我国应用文又获得了长足发展,且逐渐呈现出繁荣兴盛的面貌。在这一时期,不仅进一步对公文的写作与发布进行了变革,而且明确了公文写作与发布的规范。与此同时,这一时期还对之前公文存在的弊端进行了革除,并建立起了较为完善的现代公文系统。可以说,如今我国公文的发展已迈进规范化、系统化、科学化的轨道。

三、应用文的类别

应用文这一提法十分宽泛。从宏观上来说,凡是不属于文学作品,且以实际应用目的为前提而写作的文章,都属于应用文;从微观上来说,应用文的常用文种极为丰富,多达二百多种,而且伴随着时代的发展还在不断产生新的样式。再加上应用文的使用范围是十分广泛的,因而可以从多种角度来划分应用文的类型。

一般来说,以文本体裁为依据,可以将应用文分为理论文体应用文、办公文体应用文、史传文体应用文、新闻文体应用文等;以写作主体为依据,可以将应用文分为自为写作的应用文和受命写作的应用文两种;以内容归属为依据,可以将应用文分为党政机关公文、事务文书、科技文书、经济文书、法律文书、礼仪文书等;以功能性质为依据,可以将应用文分为法规性文书、管理性文书、协调性文书、宣传性文书、凭据性文书；以实务对象为依据，可以将应用文分为公务应用文和私务应用文两种；以实务功能为依据，可以将应用文分为通用文书和专用文书两种。

四、应用文的特点

应用文在长期的发展过程中，已逐渐形成了自身鲜明的特点。具体来看，应用文的特点主要有以下几个。

（一）实用性

应用文的这一特点是针对其价值而言的，即应用文必须要有实用性，能够解决现实中存在的实际问题。从古至今，人们之所以会对应用文高度重视，很大程度上就在于其对人们的生活、工作与学习有帮助。

应用文的"应"总体而言涉及两方面的含义：一方面是应时而生，即应用文的产生、发展与时代和社会形势等有着密不可分的关系；另一方面是应付日常工作、学习、生活中的实务，即应用文要能够解决实际问题。基于此，在对一篇应用文的写作是否成功进行评判时，最主要的一个标准便是其是否具有实用性。只要该应用文具有实用性，就可以说其写作是成功的，反之则是不成功的。

（二）模式性

应用文的这一特点是针对其结构而言的，即不同文中的应用文在结构上都有相对固定的模式。应用文的结构模式有些是法定的，如党政机关公文、科技论文、经济合同等；有些则是在写作实践中逐渐形成的，是人们约定俗成的，如新闻报道、礼仪文书、计划与总结等。在现实社会中，一个新文种在刚刚出现时，往往只有少数人会使用该文种模式。而当前与文种本身的规律相符合，并逐渐展现出自身优势时，会逐渐被推广，成为一种约定俗成的写作模式。此外，不论是哪一种结构模式，都有利于应用文实用效率的提升。

（三）真实性

应用文的这一特点是针对其内容而言的，即应用文所涉及的内容必须是真实的。比如，在政府公文、司法文书、科技论文、新闻报道等应用文中，所阐述的事情必须要有切实依据，所涉及的人物必须要有来历，所用到的数字以及所引用的文字等必须准确无误，所开展的议论必须要有分寸，等等。总之，应用文中不能有半点虚假，也不能进行夸张。否则，应用文将毫无实用价值可言，甚至会误导他人、影响工作，甚至危害国计民生。

（四）时效性

在应用文的特点中，时效性特点也是十分重要的。应用文的时效性涉及三个方面：一是时代性，即应用文在每个时代都存在，而且每一时代的应用文在文种、写作规范等方面是有一定差异的；二是及时性，即应用文中涉及的事务，无论是公务还是私务都必须及时办理，在有效的时间内解决好问题，否则可能造成无法预料的后果；三是作用时间的有限性，通常情况下，应用文中所涉及的事务完成了、所提到的问题解决了，则该应用文的作用就基本结束了。当然，也有些应用文在完成其任务后可能会进行归档处理，而且日后可能会继续发挥某些作用，但这些作用并不是其最主要的作用，因而这并不影响其时效性特点。

五、应用文的功用

在涉及国计民生的各个领域中，都可以见到应用文的身影。这表明，应用文的功用是十分广泛的。具体来看，应用文的功用主要有以下几个。

（一）凭据功用

应用文的凭据功用指的是应用文在某些情况下可以承担凭据的作用。比如，日常使用的借条、收据等条据文书，以及机关公文和协议书、合同等契据文书，都属于应用文的范畴。以公文来说，其不仅表明了制发机关的意图，而且是收文机关处理工作、解决问题的重要依据。若是缺少了公文这一重要凭证，各机关之间的公务联系以及工作的开展等都会受到影响。再以协议书、合同等契据文书来说，其约定了当事人双方的权利与义务,需要双方按照约定好的进行,一旦一方违约,另一方就可以契据文书为凭证来追究其责任。

应用文的凭据功能还有一种情况,即一些文书作为真实历史的记录,在完成其现实作用后,将立卷归档成为历史文献资料供后人查考,起着凭证作用。

(二)管理功用

应用文的管理功用指的是在进行社会管理时,应用文发挥着十分重要的作用。比如,曹丕在《典论》中说道:"盖文章经国之大业,不朽之盛事。"党和国家的正确路线、强国方针、富民政策,都是通过文件形式贯彻的;各单位、各行业的科学管理办法也是通过文件布置实施的。因此,就一个国家而言,自上到下各个层面的管理工作都离不开应用文。若是各级机关和各行各业缺少了应用文这一工具,则其管理工作将无法进行。

(三)法规功用

应用文的法规功用指的是在我国的社会主义法制建设、社会秩序维护等方面,应用文所起到的重要作用。在应用文中,有相当一部分公务文书是用于公布法律和行政法规的,而且通过公务文书所发布的法律和行政法规具有法规准绳作用,如《宪法》《刑法》《民法》等。此外,公告、通告、布告等在一定的范围内具有法定的权威性和约束力,发挥着法规作用。

(四)宣传功用

应用文的宣传功用指的是在对党和国家的路线、方针、政策进行宣传与贯彻时,应用文所起到的作用是不容忽视的。通常而言,党和国家在各个时期都会制订一些重大的方针政策,而且这些方针政策主要是通过党政机关公文的形式进行发布的。从这一角度来说,应用文承担着宣传国家路线、方针、政策等的使命。需要特别指出的一点是,应用文的宣传功用与管理功用是相辅相成的,宣传促进管理,管理深化宣传。

(五)交流功用

当今的时代是信息时代,与这一时代发展现实相适应,应用文的交流信息功用日益凸显。有人说,当前人们的交流在大多数情况下是通过手机、电脑等电子产品来实现的,可是应用文具有不可替代性,手机、电脑等只是帮助人们把应用文所载信息传递出去的工具。也就是说,应用文才是信息交流最根本的载体。此外,各种各样的信息交流,如思想、文化、科技、经验、商品等的交流,也是借助于类型多样的文书来实现的。因此,交流信息是应用文的一个重要功用。

第二节　应用文的主旨与材料

一、应用文的主旨

在写作应用文时,必须要有一个明确的主旨,即写作应用文是为了实现什么目的,或是有什么意义。缺少了明确的主旨,应用文也就失去了灵魂。此外,是否有明确的主旨也影响着的应用文的价值高低。

(一)应用文主旨的含义

应用文的主旨,简单来说就是应用文所表达出来的观点、主张和意见。其构成了一篇应用文的基本精神或基本思想,统领着全文的内容,指导着文章写作的过程。

一般来说,应用文的主旨是作者的主观思想或意图与客观社会生活相结合的产物。它就像一根红线,贯穿文章的始终。同时,应用文的主旨正确、深刻,才能更有效地指导与推动工作,解决实际问题等。反之,不仅会影响工作的开展以及政策方针等的贯彻执行,还可能引发一些意想不到的恶果。此外,应用文所确立的主旨,也会影响文章材料的选择、结构的安排以及语言的运用等。也就是说,只有明确了主旨,应用文写作中所涉及的各个形式要素才能构成一些和谐的统一体。

(二)应用文主旨的确立

在确立应用文的主旨时,应充分考虑到以下几个方面。

1.客观事实材料

在确立应用文的主旨时,必须以大量的客观事实材料为基础。也就是说,必须立足于生活实践来确立应用文的主旨。在掌握了大量材料后,还需要对材料进行深入的分析与研究,去粗取精、去伪存真,并要透过材料的表面看到本质,继而探求出事物的性质和规律,确立文章的主旨。总之,没有材料就无法确立文章的主旨。

2. 领导的意图

对于一些应用文来说,其是否要写以及怎样写,在很大程度上会受到领导意图的影响。也就是说,在撰写应用文时,写作者必须要对领导的意图进行全方位地领会与分析,包括领导的基本思路、基本观点和基本要求等。在此基础上,写作者就能够更准确地确定写作的动机与意图等。还有一点要注意的是,在明确了写作的主旨,并围绕该主旨撰写完文章后,要及时给领导过目,以确定是否与领导的要求相符合。对于一些重要的应用文来说,还需要由领导者组成审阅小组,明确应用文的主旨与提纲。

3. 写作者自身的素养

在确立应用文的主旨时,离不开客观事实,即主旨要反映出事物的性质与规律,同时与写作者自身的素养也有着密不可分的关系。写作者只有不断提高自己的思想水平、提升自己的理论修养,才能够高瞻远瞩、准确深刻地确立应用文的主旨。

(三)应用文主旨的要求

应用文的主旨,通常而言需要符合以下几个要求。

1. 正确

应用文的主旨要正确,即应用文的主旨要义与党和国家的基本路线、方针、政策等相符合,要与客观实际相符合,还需要将事物的本质与规律反映出来,并能推动社会生活的发展。在现代社会中,应用文发挥的作用越来越重要。如果应用文的主旨错误,不仅会影响党和国家各项方针路线等的落实,还会影响社会的和谐发展。同时,主旨错误的应用文也是毫无价值可言的,毕竟应用文的本质属性是实用性。因此,应用文的主旨必须正确无误。

2. 鲜明

应用文的主旨要鲜明,指的是应用文的主旨必须要明确、清楚,绝对不能模棱两可,也不能态度暧昧、吞吞吐吐。也就是说,在写作应用文时,必须要直截了当地表明观点,肯定什么、反对什么、赞成什么、批评什么,态度必须要鲜明。只有主旨鲜明,所有的受文对象才能对文章的主旨形成相同的理解。

3. 集中

古人说"立意要纯",写应用文时也必须要做到这一点,即一文一事、主旨集中突出。因此,应用文的主旨要集中指的是在一篇应用文中,主旨只能有一个,而且该主旨必须要单纯明确,不能零乱和分散。

如果一篇应用文中存在多重主旨,那么受文对象对于主旨的理解就会存在多种情况,文中所涉及事务的贯彻与执行等便会受到影响。因此,必须要保证应用文主旨的单一性。

4. 深刻

一篇应用文的主旨应该是深刻的,即能够将生活的本质与规律反映出来,能够将事物背后所隐藏的最有价值的思想意义揭示出来,能够对问题的顺利解决提出有益的见解,能够反映出时代精神和当代社会价值等。也就是说,针对性以及现实意义是写作应用文时必须要考虑的一个方面。

(四)应用文主旨的表达

在写作一篇应用文时,确立正确且恰当的主旨是十分重要的。除此之外,合理地表达应用文的主旨也是很有必要的。一般来说,在表达应用文的主旨时,常用的方法有以下几种。

1. "片言居要"法

这种应用文主旨的表达方法就是在文章引人注目之处如标题、开头、结尾等,直接将提炼好的主旨写出来。比如,文章《关于表彰全国劳动保障系统先进集体和先进工作者的决定》的主旨表达方式,便是在文章标题中直接表明。另外,调查报告、述职报告等应用文通常是在开头便表明基本观点,而学术论文、市场预测报告等应用文通常是在文章结尾表明基本观点。当然,也有一些应用文在开头表明了基本观点后,结尾会再次予以强调,此时要注意前后观点一致。

2."众星拱月"法

当一篇应用文的内容较为复杂且篇幅较长时,主旨的表达可以采用"众星拱月"法。这种应用文主旨的表达方法,就是以基本观点为中心,设立若干从属观点,并以小标题的形式将从属观点表达出来,或是在每一段的段首以主句的形式从属观点表达出来,通常将这些从属观点组成一个有机整体,便能够得出文章的基本观点即主旨了。在当前,借助于小标题来表达文章主旨的应用文是十分常见的,而且这种主旨表达方式直接明了,便于受文对象更快、更准确地把握文章主旨。

3.隐性主旨

在一些应用文中,观点句并不明显,文章的主旨是在事实内容之中蕴含着的。比如,消息、纪传文等中的主旨,大多是通过事实内容来表明的。

二、应用文的材料

对于一篇文章来说,最重要的便是内容。而一篇文章的内容,是以大量的材料为基础的。同时,材料也是文章主旨确立与表达的重要依据。

(一)应用文材料的类型

应用文的材料,依据不同的标准可以分为不同的类型。下面介绍两种常用的应用文材料分类方式。

1.事实材料与理论材料

以材料的性质为依据,可以将应用文的材料大致分为两类:一类是事实材料,即具体事件的真实情况、实物和现象、数据与图表等;另一类是理论材料,即方针、政策、法规、道德准则,社会科学和自然科学的概念、原理、学说等。

2. 第一手材料与第二手材料

以材料的来源为依据,可以将应用文的材料大致分为两类:一类是第一手材料,即写作者在观察、调查和实验的基础上获得的材料,这类材料通常需要写作者深入业务工作的第一线才能获得;另一类是第二手材料,即写作者通过阅读书籍、文献等获得的材料。

(二)应用文材料的搜集

对于写作者来说,平时搜集的材料越多,写作时可供选择的余地就越大。具体来看,写作者在搜集材料时,可以借助于以下几种方法。

1. 问卷调查

在搜集应用文的材料时,问卷调查是一种比较有效的方法。具体的做法是,设计一个表格或是设计多种问题,将需要的材料内容融入表格或问题之中,然后交给被调查者填写。需要注意的是,所设计的表格和问题要便于且乐于被调查者回答。

在开展问卷调查时,不需要表明调查者的具体身份,而且可以在短时期获得较大范围的信息反馈。不过,问卷调查的结果会受到被调查者主观意识的影响,如被调查者故意隐瞒自己的真实想法,则调查者所获得的结果会不够准确。

2. 开会调查

在搜集应用文的材料时,也可以采用开会调查的方式。在采用这种方式来搜集应用文的写作材料时,应特别注意以下几个方面。

第一,要有所侧重地选择参会人员,以确保一个调查会可以围绕一个中心进行。比如,当知情者在观点上存在分歧时,可以将观点一致的人组织在一个调查会中。这样既有利于参会者畅所欲言,也能有效避免观点不同的人出现语言甚至是肢体冲突。

第二,在一个调查会中,参与的人数不可过多。这样做能够确保参会的每个人都有机会和充分的时间来发表意见。

第三,调查者在开调查会时,必须要发挥好引导作用,确保整个过程都能够围绕调查中心进行。一旦发现离题太远的情况,要及时将话题引到调查中心,以确保达到调查的目的。

第四,调查者在开调查会时,必须善于捕捉发言者的中心思想,确保准确全面地领会、理解发言者的中心思想。

第五,调查者在开调查会时,必须要做好记录,并要注意核对重要的内容。

3. 个别访谈

写作者在对应用文的写作资料进行搜集时,也可以运用个别访谈的方法。在运用这种方法来搜集写作资料,写作者应特别注意以下两个方面。

第一,写作者必须要提前了解被访问者,以便确定更为恰当的谈话方式。

第二,写作者在与被访问者谈话时,一定要讲究谈话的艺术,确保被访问者能够自觉配合,获得真实的材料。

4. 由有关部门或委托人提供

在应用文中,有一些文种由于其使用性质的特殊性,其写作材料需要由相关部门或是由委托人来提供。比如,通知、会议纪要等的写作材料,通常是来自领导部门、领导人或会议。

5. 阅读和检索

在获得应用文写作材料时,阅读书籍、杂志,查阅网络资料等也是一个有效的方法。比如,在写作学术论文时,经常需要从现有资料中查找前人的研究材料和研究成果进行合理运用,为自己的研究论点服务。

(三)应用文材料的选择

在搜集了应用文的写作材料后,还需要对其在整理、分析的基础上进行恰当选择,即选择合适的写作材料。在这一过程中,以下几个方面要特别予以注意。

1. 所选择的材料要真实、可靠

在一篇应用文中,所使用的材料必须是真实的,而且不论是整体的材料还是细节的材料都要保证其真实性。此外,也要保证所使用材料的可靠性,即所选择的材料必须确凿无疑,不能添枝加叶,不能夸大和缩小,更不能随意编造。

在所使用的材料是第一手材料时,要切实确保其与客观现实相符合,不可按照个人意愿随便改变事实真相;要确保材料的全面性,并要对个别事实进行分析,切不可将不具有本质真实的事例或细节选入写作材料。在所使用的材料是第二手材料时,既要保证材料来源的可靠性,又要对材料的内容进行准确把握,切实围绕材料本身的内涵进行使用,切不可以讹传讹或断章取义。

2. 所选择的材料要能够有效地支撑和表现主旨

材料是用来说明观点的,一篇文章缺少材料或是材料用得不恰当,即使其格式正确、语言畅达,也没有现实意义可言。主旨和材料之间是辩证统一的关系,主旨要通过材料来表现,同时主旨对材料起着统领作用,即所有的材料都应与主旨相关;而材料对主旨具有一定的反作用,会在很大程度上制约主旨。在一篇应用文中,主旨和材料只有辩证统一地组合在一起,才能更恰当地凸显主旨,增强文章的说服力。因此,在众多的写作材料中,能够充分说明主旨的材料都可以留用;不能有效地说明主旨或是与主旨无关的材料,则必须要舍弃。

3. 所选择的材料要有典型性

在选择应用文写作的材料时,要注意其是否具有典型性。典型材料就是最有代表性、最具普遍性、最能有力地表达观点、最能够集中而深刻地表明事物的本质及共性,同时带有个性色彩的材料。它相比其他的材料来说,更具有说服力和表现力,能有效增强文章的力度,提高文章的质量。在总结、调查报告等应用文文种中,所涉及的实例必须是具有典型性的;在经济文书中,确凿数据也属于典型性材料。

4. 所选择的材料要新颖

在选择应用文写作的材料时,新颖性也是必须要考虑的一个方面。材料的新颖性,可以从其是否具有新意、是否是独特的两个方面进行判断。随着时代发展与社会的进步,新生事物不断出现。与此相适应,应用文的写作也必须与时俱进,这就要求写作材料要有新意,能够使读者感到新鲜。需要注意的是,这并不是说只能使用新的材料,旧材料当然也可以使用,但要注意从新的角度体现新意。

第一章 应用文写作概述

第三节 应用文写作的要求与思路

一、应用文写作的要求

应用文在发展的过程中,形成了一定的写作规范,这些写作规范便是应用文的写作要求。具体来看,应用文的写作要求主要有以下几个。

(一)观点必须要正确、鲜明

在写作应用文时,必须要保证观点正确、鲜明。应用文的写作观点正确,主要包括两方面的内容:一方面,写作所确立的观点必须与党和国家的方针、路线政策、法律法规等相符合;另一方面,写作所确立的观点必须与文中介绍的实际情况相符合。基于此,在写作应用文时,必须要从客观事实出发,尽可能全面、详实地占有材料,并从材料中引出正确的观点。

在写作应用文时,除了要保证观点正确,还必须要保证观点鲜明,即观点必须要明确、清楚,切不可似是而非、模棱两可。

(二)材料必须要真实、得当

在写作应用文时,材料是必须要具备的一项内容。借助于真实、得当的材料,写作者可以更有效、更恰当地陈述事实、表明观点等。材料与观点有着极为密切的关系,观点要借助于材料来体现,材料必须依据观点来组织。因此,在写作应用文时,选择恰当的材料是十分重要的。关于应用文写作材料选择的相关内容,本章第二节中已进行了详细论述,这里不再赘述。

(三)格式必须要规范

在写作应用文时,必须要保证格式的规范性。应用文的格式是应用文的外部特征,由于应用文包含多个文种,因而不同文种的应用文在具体格式上会有一定的差异。此外,应用文的格式有一些是在长期使用中形成的,有一些则是国家用法规规定的。

在写作应用文时,只有切实遵循规定的格式,才能保证应用文的有效性,提高办事的准确性和办事效率。

(四)结构必须要合理

在写作应用文时,采用合理的结构也是十分重要的。应用文的结构是应用文内部的组织形式,是对材料进行合理有序安排的框架。应用文结构合理,即以行文的实际需要为依据来选用适应的结构方式,这样才能更好地表现主旨、表达观点。

对应用文的结构进行安排,既是个技巧问题,也是个思路问题。写作者只有思路清晰、严密、有条理,才能保证结构层段清晰、结构组合严密、结构顺序有条理。因此,写作者在动笔之前,必须要理清思路。

除此之外,在安排应用文的结构时,还要考虑到以下几个方面。

第一,要依据主旨表达的需要来安排应用文的结构。应用文主旨是全文的"纲",其既是组织材料的重要依据,也是安排结构的重要前提。如果不考虑应用文的主旨去安排结构,必然会导致结构松散,不利于应用文观点的表达。

第二,要依据应用文的文种来安排结构。应用文的文种有很多,其结构方式也是多种多样的。有的与一般文章是相似的,有开头和结尾、层次和段落、过渡和照应、详写与略写;有的则与一般文章有较大差异,有着特殊的结构内容,即标题、正文(分引据、主体、结尾)、落款。选择合理的结构来写作应用文,既方便阅读,又能使受文对象更愿意接受,从而促进办事效率的提升。

第三,要依据逻辑来安排应用文的结构。对于任何一篇应用文来说,都必须层次井然。从这一角度来说,应用文是一种逻辑构成,而逻辑构成讲求严谨性。因此,在安排应用文的结构时,必须要考虑到逻辑性,确保首尾圆合、衔接紧密、层次清晰、段落分明。

(五)语言必须要明确、平实、简约、得体

应用文在长期的发展与使用过程中,逐渐形成了自身鲜明的语言特点。具体来看,应用文语言的特点主要有以下几个。

1. 应用文的语言必须要明确

应用文的语言必须要明确,既不会使人产生歧义,也不会使人产生误解。只有这样,受文对象才能更准确地理解和执行应用文中的事务。比如,有份通知这样写:"今天下午在篮球场举行年级篮球总决赛,请参赛者准时参加。"这一份通知的语言是不够明确的,通知的时间是下午,但"下午"的时间范围是比较广的,13～18点都可以算下午,因而要求参赛者"准时"参加就无法落实。因此,应用文中的时间、地点、范围、条件等都必须要表述准确、周密。

为了确保应用文语言的准确性,要注意在写作时尽可能不用口语词语和方言词语,也不能滥用简称、略语,还要避免使用倒装句、感叹句和省略句。若是涉及数量概念,还必须保证数量概念运用的准确性。

2. 应用文的语言必须要平实

在写作应用文时,所用的语言应是平实的,能够准确地说明事由,解说事理,陈述办法,有什么说什么,有多少说多少,简洁明快,以达到处理好公、私事务的目的。另外,在写作应用文时,所使用的表达方式以说明为主,兼用叙述、议论。而在使用论述的表达方式时,应以直笔为主,尽量不用曲笔;在使用议论的表达方式时,要考虑到应用文的文种,即理论性文种可以多种议论,而其他大多数文种中只就事论事即可,不需要旁征博引。当然,应用文中有时也会用到抒情、描写等表达方式,但使用时也要考虑到应用文的文种,即书信、日记等私务文书中可酌情适当运用,公务文书中则要尽可能少用或是不用。

要保证应用文的语言平实,在写作时要尽可能不用或少用比喻、夸张、渲染、烘托之类的积极修辞方式,只实实在在地叙述事实、铺陈景物、解剖事理即可。

3. 应用文的语言必须要简约

应用文语言的简约,就是应用文的叙事应简明完备,约而不失一词;说理精辟透彻,简而不遗不缺;既不能冗长累赘,又不能言不及义。这就是开门见山,直截了当,实话实说,不绕弯子,不"穿靴戴帽",不短话长说,不故弄玄虚,不矫揉造作,而是力求言辞简明扼要,不蔓不枝,干净利索地表达。

在我国应用文的发展史上,历来推崇简约的风格。清人刘大櫆说:"文贵简。凡文笔老则简,意真则简,辞切则简,理当则简,味淡则简,气蕴则简,品贵则简,神远而含藏不尽则简,故简为文章尽境。"为使语言趋于简约,一般应遵循"直截了当,用直笔而不用曲笔,要开门见山而不要转弯抹角"的原则,从特定的目的、特定的对象出发,把可以不说的话统统删除。删除繁文,使用短句,注意习惯使用的语言模式。

在写作应用文时,为了达到语言言简意赅的目的,经常会使用某些文言词语和特定用语,如"兹将""业经""悉""特此""届时""为荷""莅临"等。这些词语和用语的含义是特定的,对其进行正确运用,不仅能收到白话达不到的表达效果,而且能给应用文平添几分凝重的色彩。

4. 应用文的语言必须要得体

应用文的语言得体,就是写作应用文时要根据不同的对象和场合,掌握好恰当的分寸,语言要能体现作者处理事务的立场和态度,要能为特定的需要服务。写什么、不写什么,怎样措辞,用什么语气,都要与特定的目的、特定的对象和谐一致,使阅文者获得应有的印象,从而收到发文的预期效果。

要保证应用文语言的得体,应注意两个方面:一方面是正确选用适合的文体和与这种文体相适应的语体;另一方面是行文语言要与行文目的、语言环境相适应。列宁说过:"文体应与内容相呼应,文章的语言和口气应适合文章的主旨。"例如,内容是下达指标的,要庄重严肃;通报错误的,要说理严正;报喜祝捷的,要热烈欢快;商洽问题的,要谦降相待;申请要求的,要恳切委婉;等等。从行文对象来说,上行文要侧重陈述事实,少讲道理,语气要诚挚谦恭;下行文应有明确的要求,又要给下级留有一定的机动权,用词肯定平和;平行文则应尊重对方,使用平等协商的口气。在系统内行文可以用行话、术语,对系统外行文要力求浅显、通俗。

二、应用文写作的思路

应用文写作的思路是多种多样的,而且不同文种的写作思路是有一定差异的。比如,公文类应用文基本思路是通过叙事说理表明目的,叙事就是摆事实讲道理,目的就是要求对方做什么事项或对某一事项作出结论;法规类应用文的基本思路是为什么要制定,制定什么,怎样执行;业务类应用文的基本思路是情况(信息)—原因(因素)—对策(建议),即"什么—为什么—怎么办"的基本思路。总体来看,应用文写作的思路主要有以下几种。

（一）总分思路

应用文写作的总分思路，就是运用综合和分析两种思维方法所形成的文章思路。分析就是把事物分成若干部分，分别加以研究，即是由总到分，化整为零。对实体事物进行分解，对抽象事物进行分类、剥离，就是剖析。综合则是把事物的各个部分联合起来，从整体上加以考察，也就是由分到总，集零为整。综合的过程，就是对实体事物组合、对抽象事物概括的过程。

分析与综合是相互联系、相互依存和相互转化的。综合是以分析为基础的，没有分析，就不可能有具体深入的认识，要进行综合也是不可能的；分析是以综合为前导的，没有综合，就不能统观全局，分析就会缺乏方向和目标。分析重在发现事物的本质，分析不是目的，而是认识事物的手段。分析之后，还要把事物的各个部分放到事物的整体中，放到各个部分的相互联系、作用和矛盾中，放到事物的运动、变化中考察它们的地位、作用，从而去把握其本质。而综合也不是现象的罗列，不是事物各个部分机械地相加，而是要按照事物各个部分间的有机联系，对事物各个方面作全面的、本质的反映，从而在整体上把握事物的特征。

（二）归纳和演绎思路

在写作应用文时，归纳和演绎思路也是经常会用到的。事实上，归纳思路和演绎思路是相对而言的，前者是从个别到全体、从特殊到一般；后者则是从全体到个别、从一般到特殊。由此可以知道，归纳和演绎是两种方向完全不同的对立的思维方法。不过，归纳和演绎也是相互依存的辩证统一体。归纳是演绎的基础，演绎的前提常常是领先归纳而获得的。可以说，归纳的结论就是演绎的前提，离开归纳，演绎不可能进行；归纳也离不开演绎，归纳时对个别事物的选择要达到准确、典型，得依赖演绎对这些个别事物进行检验，决定弃取。也就是说，根据尚未确定的、假设的一般去寻找、考察个别，才能正确地进行归纳；而归纳得出的一般结论，也要靠演绎去验证，去推广扩大。

1. 应用文写作的归纳思路

归纳是从两个以上个别的、特殊的事物或道理的共同属性中，推出同一类事物或道理的普遍性结论的推理方法。应用文书写作运用这种思维方法，便形成了归纳思路。探讨某类客观事物的共同规律、提炼总结先进经验等，都可以运用这种写作思路。

一般而言，应用文写作的归纳思路又可以细分为以下几种情况。

（1）不完全归纳法

不完全归纳法又称"简单枚举法"，就是根据对某类事物部分对象的概括，推出一般性结论的方法。调查报告、总结、情况报告、表彰或处分等应用文的写作，经常会使用这种思路。

应用文写作在运用这种思路时，要注意不要轻易下结论，如果要下结论也不必因个别事物未能归纳而迟疑不决，可选择诸如"一般情况下""大体上""在一定条件下"等这类限制词，以表明其相对性，留有余地；不要仅仅注意同类事物的数量或表面相似处，而忽略了同类事物的本质属性，使结论偏离事物本质。此外，还要注意对重要的归纳对象或结论进一步深入分析，充分考虑到时空变化后的情况，以确保归纳的结论更正确、更深刻。

（2）完全归纳法

一般说来，运用归纳法来认识客观事物时，完全归纳法最可靠。所谓完全归纳法，就是穷究同类事物中所有个别事物的共同属性，推出普遍性结论的方法。这种方法不允许漏掉任何一个性质相同的个别事物，而实际上只有少数情况下才能做到完全归纳。因此，在写作应用文时，这种写作思路的运用是比较少的。

（3）科学归纳法

在写作说理性较强的应用文时，按照科学归纳法展开思路是比较合理的。所谓科学归纳法，就是由某类事物部分对象与某种属性有必然联系，推出这类事物都具有这种属性。它是以科学实验和科学分析的结果为主要依据，从研究同类事物的少数对象与某一属性之间必然的内在联系中，从探求现象之间的因果关系中，概括出普遍性结论。相比前两种归纳方法来说，科学归纳法要更为可靠。此外，科学归纳法考察的对象要有典型的代表性，才能使结论正确。

2. 应用文写作的演绎思路

在说理性较强的应用文书中，演绎思路的运用是比较多的。所谓演绎，就是从普遍性的前提推出特殊个别性结论的思维方法。根据一般原理(公理、真理、常识或人们认同的共识等)可认识包含在这一原理中的个别事物或道理,由此可形成应用文书的演绎思路。

在写作应用文时,运用演绎思路要确保作为根据、前提的一般性结论必须正确无误。如果作为前提的一般性理论只是相对正确,那么在推理过程中,在肯定其大多数事物或道理的同时,也要考虑到个别事物的特殊性,才能避免结论的片面性。

(三)递进思路

所谓递进思维,就是认识事物或事理由浅入深、由表到里、由低到高、由小到大、由轻到重、层层递进、循序渐进的一种思维方法。应用文写作的递进思路,就是运用递进思维方法形成的一种文章思路。

应用文写作运用这种思路,可以深入地、清晰地阐释某些比较复杂的事理,说明某些比较复杂的关系,有助于深刻认识事物的本质属性,使文章有一定深度。此外,写作应用文时运用这种思路,注意各层次间要环环扣紧,先写哪一层次,后写哪一层次,顺序不能随意调换、中断。

(四)比较思路

在应用文的写作中,也经常会用到比较思路。所谓比较思路,就是运用比较和鉴别的思维方法形成的一种文章思路。

应用文中用到的比较思路主要有两种:一种是时间比较,这是在历史形态上的差异,也叫纵向比较(纵比)、历史比较,其能追本溯源,使思路清晰,易于看到事物的发展变化,但思路又显狭窄,拓展不开;另一种是空间比较,这是在现实既定形态上的比较,通过比较能鉴别出不同事物在同一时期不同空间中呈现出的异同,这也叫横向比较(横比)、现实比较,其思路宽阔,易于看到事物与相关事物的差距,但又可能浮于事物表面,看不到事物的发展和实质。由此可以知道,时间比较和空间比较各有长短,可取其长综合运用,即采用综合比较法,即在同等条件下,综合考虑到时空等多方面因素,将几种方案,几种情况进行全面比较,鉴别出最佳方案、最正确情况来。在撰写规划、方案、可行性报告、经济预测报告、决策意见等文种的构思中,常采用这种综合比较法。

(五)因果思路

在应用文书写作中,根据写作意图和民众接受心理,较多地采用由果溯因的思路。所谓因果思路，就是运用探因和寻果的思维方法形成的文章思路。

在写作应用文时运用因果思路，以下两个方面应特别予以注意。

第一，要全面分析导致结果或现状的原因。在诸多原因中首先抓住主要的、根本的原因，同时也不忽视次要原因。要实事求是地、全面地分析事物的内因和外因，不能只抓一点不及其余，防止片面性和绝对化。

第二，要深刻地分析产生结果的原因。要深入分析，从原因中去探究产生原因的原因，这就是所谓因果分析。这是因为，有时表面的原因只不过是个现象，只根据这一现象所得出的结论往往是肤浅的。因此，要力求"打破砂锅问到底"，揭示出最深层的、最根本的、最起作用的原因，这样才有助于抓住事物的本质。

第二章 行政应用文写作实训研究

对党和国家的方针、政策进行传达与贯彻,对行政法规、规章和措施进行发布与施行,对问题进行答复,对工作进行指导、布置和商洽,对情况进行报告等,都需要借助于行政应用文这一重要的工具。

第一节 行政应用文的概念与分类

一、行政应用文的概念

行政应用文又称"公文",是国家行政机关、企事业单位以及人民团体处理行政公务的往来应用文。行政应用文通常由法定的作者发布,并具有法定的权威性。此外,行政应用文在完成其执行效用后,可以转化为档案,成为历史凭证供后人查考。

二、行政应用文的分类

行政应用文的分类方式有多种,而且依据不同的标准可以分为不同的类型。下面介绍几种常用的行政应用文分类方式。

（一）以行政应用文的适用范围为标准进行分类

以行政应用文的适用范围为标准,可以将其细分为以下几类。

（1）决议。这一类行政应用文适用于会议讨论通过的重大决策事项。

（2）命令。这一类行政应用文适用于公布行政法规和规章、宣布施行重大强制性措施、批准授予和晋升衔级、嘉奖有关单位和人员。

（3）通告。这一类行政应用文适用于在一定范围内公布应当遵守或者周知的事项。

（4）通知。这一类行政应用文适用于发布、传达要求下级机关执行和有关单位周知或者执行的事项，批转、转发公文。

（5）决定。这一类行政应用文适用于对重要事项做出决策和部署、奖罚有关单位和人员、变更或者撤销下级机关不适用的决定事项。

（6）公告。这一类行政应用文适用于向国外宣布重要事项或者法定事项。

（7）纪要。这一类行政应用文适用于记载会议主要情况和议定事项。

（8）公报。这一类行政应用文适用于公布重要决定或者重大事项。

（9）意见。这一类行政应用文适用于对重要问题提出见解和处理方法。

（10）通报。这一类行政应用文适用于表彰先进、批评错误、传达重要精神和告知重要情况。

（11）请示。这一类行政应用文适用于向上级机关请求指示、批准。

（12）批复。这一类行政应用文适用于答复下级机关请示事项。

（13）议案。这一类行政应用文适用于各级人民政府按照法律程序向同级人民代表大会或者人民代表大会常务委员会提请审议事项。

（14）函。这一类行政应用文适用于不相隶属机关之间商洽工作、询问和答复问题、请求批准和答复审批事项。

（15）报告。这一类行政应用文适用于向上级机关汇报工作、反映情况，回复上级机关的询问。

（二）以行政应用文的缓急程度为标准进行分类

以行政应用文的缓急程度为标准，可以将其细分为以下几类。

第一，常规行政应用文。这一类行政应用文的内容不是特别重要，在形成、传递和处理时按照正常的速度即可。

第二，加急行政应用文。这一类行政应用文的内容比较重要且较为紧急，在形成、传递和处理时需要有较快的速度。一般来说，加急行政应用文通常要在三天内予以处理。

第三，特急行政应用文。这一类行政应用文的内容非常重要且紧急，在形成、传递和处理时需要以最快的速度进行。一般来说，特急行政应用文通常要在一天内予以处理。

（三）以行政应用文的行文方向为标准进行分类

以行政应用文的行文方向为标准，可以将其细分为以下几类。

1. 上行文

这一类行政应用文指的是具有隶属关系的下级党政机关向所属上级机关呈报的各类公文。请示、报告等都属于上行文。一般来说，上行文的行文方式是逐级行文，即下级党政机关在行文时只能针对其直接上级领导机关。当然，在特殊的情况下也可以越级行文。

2. 下行文

这一类行政应用文指的是具有隶属关系的上级党政机关向所属下级机关发送的各类公文。决定、公告、通告、批复、意见等都属于下行文。一般来说，下行文的行文方式主要有三种：第一种是逐级行文；第二种是多级行文；第三种是直接向人民群众行文，即通过登报、张贴、广播电视等形式直接将公文发给人民群众。

3. 平行文

这一类行政应用文指的是不具有隶属关系的党政机关之间或是平级的党政机关之间往来的公文。函、议案等都属于平行文。一般来说，平行的行政机关、社会团体、企事业单位之间，不论其所属的地区以及所在的系统，可依据实际情况，在需要进行公务联系时相互发出公函或议案等。

4. 泛行文

这一类行政应用文指的是发文机关既可以向上级机关、下级机关、平行机关行文，也可以向不相隶属机关行文。在泛行文中，最为典型的便是意见。

（四）以行政应用文的性质为标准进行分类

以行政应用文的性质为标准，可以将其细分为以下几类。

1. 指挥性行政应用文

这一类行政应用文是上级机关对下级机关或群众发出的规定性文书,用于对下级机关或群众的工作进行领导或指导。因此,指挥性行政应用文也是下级机关或单位在进行决策、开展工作活动的一个重要依据。指挥性行政应用文有多种具体的形式,如命令、决议、决定、意见等。

2. 报请性行政应用文

这一类行政应用文是下级机关向上级机关呈报的文书,目的是向上级机关汇报工作、反映情况或是请示问题。一般来说,报请性行政应用文主要包括报告和请示等。

3. 知照性行政应用文

这一类行政应用文是党政机关告知某方面的情况,或是对某一事项进行关照的文书。一般来说,下行文和平行文都属于知照性行政应用文的范围。

4. 记录性行政应用文

这一类行政应用文是各类党政机关对公务活动进行记载的文书,目的是对公务活动进行存档,以便日后进行考查。会议纪要便是一种典型的记录性行政应用文。

5. 商洽性行政应用文

这一类行政应用文多用于不具有隶属关系的党政机关之间,或是平级机关之间,目的是对工作进行商洽,或是对问题进行询问与答复等。商洽性行政应用文是一类十分灵活且简便的行政应用文,因而有着很高的使用频率。

(五)以行政应用文的保密等级为标准进行分类

以行政应用文的保密等级为标准,可以将其细分为以下几类。

1. 秘密行政应用文

这一类行政应用文的内容涉及党和国家的一般秘密,但也不能随意泄露,否则会使党和国家的事业或某些具体工作遭受一定的损失。在行政应用文中,秘密行政应用文的保密等级是比较低的。

2. 机密行政应用文

这一类行政应用文的内容涉及党和国家的重要机密,一旦泄露,会使党和国家的事业造成严重的损失。在行政应用文中,机密行政应用文的保密等级是比较高的。

3. 绝密行政应用文

这一类行政应用文的内容涉及党和国家的最核心机密,一旦泄露,会使党和国家的安全、利益等遭受非常严重的损失。因此,在行政应用文中,绝密行政应用文的保密等级是最高的。

(六)以行政应用文的载体为标准进行分类

以行政应用文的载体为标准,可以将其细分为以下两类。

1. 纸质行政应用文

这一类行政应用文就是以纸质为载体的行政应用文。在当前,纸质行政应用文仍是最为常用的一种行政应用文。

2. 电子行政应用文

这一类行政应用文就是以计算机、网络等为载体的行政应用文,其生成、传递和处理都是借助于计算机和网络而完成的。在当前,电子行政应用文的使用越来越广泛。

第二节 行政应用文的特征与作用

一、行政应用文的特征

与其他文种的应用文相比,行政应用文具有以下几个鲜明的特征。

（一）政策性

党政机关在对公务活动进行处理时,经常会用到行政应用文这一工具。借助于这一工具,党政机关可以更好地对党和国家的方针政策进行贯彻,从而将党和国家的方针政策切实落到各项具体的工作之中。基于此,在写作行政应用文时,所涉及的内容必须符合党和国家的方针政策,或是有利于党和国家的方针政策的传达与落实。否则,所写作的行政应用文不仅无法发挥基本作用,还可能会给行政工作造成一定的损失,甚至会损害党和国家的利益。因此,行政应用文必须要体现其政策性特征。

（二）权威性

行政应用文是其作者在其职权范围内,对发文对象的活动在特定的时间和空间内进行强制性的指挥、协调、约束的一种工具。行政应用文一经发布,有关单位和个人都要立即遵照执行,若不执行或是执行不力,必定会受到法律和行政纪律的制裁。这是因为,行政应用文的内容体现着发文机关的职权范围和法定地位,其发布就是为执行政策法令,因而其具有极强的权威性。这一特点,是其他文种的应用文所没有的。

（三）程序性

行政应用文由法定作者制发,在撰写和制发的过程中要受行政应用文处理程序的严格制约。比如,行政应用文的拟制,必须经过起草、审核、签发等程序;行政应用文的发文办理包括复核、登记、印制、核发等程序;对收文的办理,一般应包括签收、登记、初审、承办、传阅、催办、答复等程序;行政应用文办理完毕后,应当根据《中华人民共和国档案法》和有关规定及时整理(立卷)、归档。这一系列过程不是无序的,其程序在《条例》中都有明确的规定。其目的是保证行政应用文制发或办理的质量,以维护行政应用文的法定效力和机关的权威性。

（四）规范性

行政应用文有多种类型,而且每一种类型的行政应用文在写作上都有严格的格式标准与规定,具体表现在以下几个方面。

第一,行政应用文在收文机关、发文机关以及行文关系等方面都有严格的规定,在写作时必须予以遵循。

第二,行政应用文具有一定的制发程序,应严格遵守。

第三,行政应用文的适用范围是有明确规定的,即不同文种的行政应用文所实用的范围是不同的。

第四,行政应用文的写作需要遵循规范的格式,要由版头、主体和版记等三大部分构成,而且每一部分都有明确的写作要求。

(五)法定性

行政应用文的制发者是我国的法定机关和组织,这就决定了行政应用文具有一定的法定性。在我国,法定机关和组织是按照《中华人民共和国宪法》《中华人民共和国地方各级人民代表大会和地方各级人民政府组织法》中的规定而设立的,不仅具有很强的权威性,而且有着很强的约束性。此外,有些行政应用文在行文时是以机关或组织领导人的名义进行的,这也是行政应用文法定性的一个重要表现。

(六)指导性

行政应用文的制发是有一定目的的,即对公务活动进行处理,或是完成某一项具体的工作,或是为了解决工作中的一个具体问题。因此,每一份行政应用文都有着很强的针对性,目的是对问题进行解决,继而推动工作的顺利开展。从这一角度来说,行政应用文具有指导性特点。

(七)时效性

行政应用文的制发针对的是已办、正在办理或即将办理的事,或已经出现、可能出现的问题,是为了指挥、协调、约束公务活动,因而其只在一定的时间范围内有效用。此外,行政应用文中所涉及的公务活动要求迅速、及时地进行处理。因此,不论是写作行政应用文,还是办理行政应用文中的公务,都必须遵守严格的时间要求,不能随意拖延,以免贻误工作。

二、行政应用文的作用

行政应用文的作用在于它是党和国家具体领导管理政务、机关之间相互进行联系和机关内部处理工作事务的一种工具。具体来看,行政应用文的作用主要有以下几个。

（一）领导指导作用

对于党和国家的各级领导机关来说，其在对各部门的工作进行部署时，主要采用的是制发文件的方式，即通过制发文件向下级传达意见和决策，指导下级的工作。党在对国家事务进行政治领导时，最为主要的方式便是将党的主张通过法定程序变为国家意志，通过党组织的活动和党员的模范作用带动广大人民群众，实现党的路线、方针和政策。党所发布的领导性文件虽然不是国家法规，但是党的政策的具体化，代表着党的权威，需要每一个人予以贯彻与执行。同时，国家各级行政领导机关和业务主管部门在开展各项工作时，必须要以党的政策性文件为依据。从这一角度来说，行政应用文发挥着领导指导作用。

（二）沟通作用

在行政应用文这一工具的帮助下，党政机关可以更为方便、快捷、有效地与上下左右的机关进行联系，相互之间告知情况、交换信息、交流思想、接洽工作、协调工作。从这一角度来说，行政应用文具有传递信息、沟通交流的作用。

行政应用文充分发挥自己的这一作用，可以将整个党政机关系统连成一个有机整体，组成一个四通八达的信息网络，确保各项工作能够高效率、有秩序地开展起来。

（三）凭证作用

行政应用文中所涉及的是机关公务活动，其在传达意图、联系公务的同时，大多数还具备凭证作用。这是因为，每一篇行政应用文都体现了制发机关的意图，而受文机关在安排工作、处理问题时必须以制发机关所发布的行政应用文为依据。

行政应用文的凭证作用，有些体现的比较明显。比如，协议、合同等文件是双方当事人在遵守法律法规、共同协商的基础上签订的，是双方当事人行使权力、履行义务、承担责任等的重要依据。一旦一方违反了文件中的条款，就需要承担一定的责任。又如，纪要、机关大事记等真实记录了机关单位的各项工作与活动，便于日后进行查考与运用。

行政应用文不仅在机关单位的现行工作中具有凭据作用，其在时效性消失后,仍是各级党政机关公务活动的重要历史记录,也是日后解决类似问题、矛盾等的重要凭证,还是若干年编史修志的重要依据。比如,在制定一项新政策时,要保证相关政策的连续性,需要在制定时参考之前的相关文件。因此,行政应用文在其现实使命完成之后,必须要立卷归档保存。

(四)晓谕作用

在对党和国家的方针政策以及法规条文进行宣传时,一个重要的宣传工具便是行政应用文。借助于行政应用文,群众可以更清楚地了解、把握上级的意图,从思想上支持上级的决策,从而统一认识和看法,以积极的态度对待工作,使工作得以更好地开展。

第三节 行政应用文的写作技巧研究

一、行政应用文写作的总体要求

行政应用文是一种高度规范化的文体,要保证其传递的速度与准确性,就需要在写作时避免行文紊乱。为此,在写作行政应用文时,要遵守严格的行文规则。具体来看,在写作行政应用文时必须遵守以下事项。

第一,在写作行政应用文时,必须要熟悉党和国家的方针政策以及有关的法规、规定等,以保证行政应用文的内容与党和国家的方针政策等相符合,与国家法规、规定等的要求相一致。只有这样,才能保证所写作的行政应用文具有正确的方向。

第二,在写作行政应用文时,必须要在对实际情况进行客观了解的基础上,将实际工作中出现的问题反映出来,并提出解决问题的方法或途径等。人们常说,在撰写行政应用文时,必须要"吃透两头",其中"上头"指的是上级的指示,"下头"指的是实际工作中的具体情况。只有将上级的指示与实际工作中的具体情况结合在一起,才能尽可能避免盲目行文、决策错误,从而影响行政应用文的效用。

第三,在写作行政应用文时,必须要选用正确的文种。行政应用文的种类不同,其功能特点和适用范围也会有一定的差异。这就决定了在写作行政应用文时,首先要对不同行政应用文的含义及其具体功用进行全面的了解,并以实际的写作需求为依据,确定恰当的文种。一般来说,在选择行政应用文的文种时,有两个方面必须予以考虑:一是行文关系,即是上级机关向下级机关发文,还是下级机关向上级机关发文、平行机关之间发文等;二是发文的目的以及文中涉及的具体内容,发文目的不同、具体内容不同,所要选择的文种自然会有所不同。在写作行政应用文时,若是文种选择错误,不仅会影响行政应用文的质量,还会影响行政应用文的效用。

第四,在写作行政应用文时,要重视拟稿这一环节。一般来说,重要的行政应用文要由机关领导人亲自草拟文稿,一般性的行政应用文由秘书部门或业务部门拟稿即可。另外,在拟稿时要遵守相关的国家规定,并要注意情况确实、观点明确、表述准确、结构严谨、条理清楚等。

二、不同文种行政应用文的写作技巧

行政应用文包含的文种有很多,这里着重介绍几种常用文种的写作技巧。

(一)公告与通告的写作技巧

1.公告的写作技巧

(1)公告的基本认知

公告是国家权力机关、行政机关向国内外宣布重要事项或法定事项的知照性行政应用文。[①] 公告相较于通知、通告来说,具有高度的庄严性和权威性。

①公告的特点

公告具有以下几个鲜明的特点:

第一,发文权力的限制性。通过公告的定义可以知道,只有重大事项和法定事项才能通过公告进行宣布,这就决定了并不是所有的行政机关及其职能部门都有权力发布公告。一般来说,除了国家最高权力机关、国家最高行政机关及其所属部门,各省市、自治区、直辖市行政上级

---

① 黄春霞.公文写作与范例大全[M].北京:中国言实出版社,2017:85.

机关,以及税务局、海关等某些法定机关,其他的机关不具备发布公告的权力。

第二,发布内容的重要性。通常来说,只有重大事项和法定事项才能通过公告进行宣布,如公布宪法、公布全国人大代表等。这里所说的法定事项,就是某项法规在全国人民代表大会审议通过后,需要通过公告向社会发布。公告内容的重要性,体现了国家权力部门的威严。

第三,传播方式的新闻性。公告的这一特点主要体现在两个方面:一是公告中所涉及的内容,都是新近且需要群众知晓的事项;二是公告会公开在电视台、报刊上进行刊登,因而其发布形式具有新闻性特点。

第四,发布范围的广泛性国家权力机关、行政机关在发布公告时,要么是面对全国范围进行发布,要么是面对全世界范围进行发布。因此,发布范围的广泛性也是公告的一个重要特点。

②公告的种类

一般来说,公告可以分为两类,即重要事项的公告和法定事项的公告。

重要事项的公告指的是用来宣布有关国家的政治、经济、军事、科技、教育、人事、外交等方面需要告知全民的重要事项的公告。比如,领导人出访活动、国家重要领导岗位变更、重要军事行动等,需要通过公告的方式进行发布。

法定事项的公告指的是依照有关法律和法规的规定,需要将一些重要事情和主要环节告知全民的公告。比如,招考公告、财产认领公告、开庭公告等就属于法定事项的公告。

(2)公告的具体写作技巧

公告中的内容是很严肃、庄重的,而且公告的内容较为单一,这就决定了公告的写作有一些独特的要求。

①公告的写作格式

公告通常由三部分构成,具体如下。

第一,标题。在写作公告时,标题是必须要有的。一般来说,公告标题的写法有以下三种。

一是发文机关+事由+文种,如"国家税务总局关于调整增值税专用发票防伪措施有关事项的公告"。

二是发文机关+文种,如"中华人民共和国国务院公告"。

三是只标出文种"公告"。

有一点要注意的是,有的公告会在标题下方有编号,一般的写法是"第 × 号",并用圆括号括住。

第二,正文公告的正文是公告的主体,一般有以下几部分构成。

一是公告背景。公告背景包括公告的依据、原因、目的等,这一部分的写作必须要简明扼要,而且语言必须要精炼。在某些情况下,公告的背景是可以省略的,直接进入公告事项的写作。

二是公告事项。公告的核心部分便是公告事项,这一部分要写明公告的具体内容。公告事项的内容有多又少,而且公告事项内容的多少决定了其具体的表达方式。通常而言,当公告事项的内容比较多时,选择分条列项的表达方式较为恰当;而当公告事项的内容比较少且较为简单时,可不分条列项。但是,不论采用哪种表达方式,都要求文字简明、具体、准确,同时要尽可能不加入分析或评论等。

三是公告结尾。在公告中,结尾这一部分是可有可无的。如果需要写结尾,则用"特此公告""现予公告"等规范用语作为结束语。此外,如果在公告缘由部分的结尾处采用了"特公告如下"等过渡句,那么在正文结尾处不需要写习惯性结语。

第三,落款与成文日期。落款是指公告发文机关的签署,在正文的右下方标署,并加盖公章以示效力。如果标题已写上了发文机关的名称,则结尾处可以省略。公告成文时间标署在落款之下,也可以写在标题之下,而且年、月、日需要标全。

②公告的写作注意事项

在写作公告时,除了要遵守上面的写作格式,还要特别注意以下几个方面。

第一,在写作公告时,必须确保公告的事项是十分重要或重大的,且要对公告的事项予以准确说明,切不可就实避虚。

第二,在写作公告时,要确保一事一告。也就是说,一篇公告只能针对一个具体的事项。

第三,在写作公告时,要根据实际情况来决定是否写编号。通常来说,公告不需要写编号,但当需要针对某一事项或某一会议发布多个公告时,可对各个公告进行编号。

第四,在写作公告时,要使用严肃庄重的语言,不用议论、说明和抒情性的语言。

2.通告的写作技巧

（1）通告的基本认知

通告适用于在一定范围内公布应当遵守或者周知的事项的行政应用文。通告的使用范围是比较广泛的，而且通告的内容可以涉及社会的方方面面。

①通告的特点

通告的特点，具体来说有以下几个方面。

第一，法规性。在对地方性法规进行颁布时，可以采用通告的形式。一般来说，经通告颁布的地方性法规，特定范围内的部门、单位和民众都必须遵守、执行。

第二，务实性。不论哪一种行政应用文的写作，都是以务实性为前提的。不过，通告相比其他种类的行政应用文来说，有着更为突出的务实性特点。这是因为，通告中所涉及的往往是某一种具体的事务，而不是某些较为宽泛的思想或政策等。

第三，告知性。通告中的内容，往往是需要特定范围内的部门、单位和民众予以了解的，并要以通告中的内容为依据，开展各项工作与活动。从这一角度来说，通告具有告知性特点。

第四，通俗性。通告是向告知对象告知某一事项或法规等，而告知对象多为普通民众，这决定了通告在写作时要采用通俗易懂的语言，以便普通民众能够切实理解、记住并执行通告中的内容。

第五，广泛性。通告的广泛性特点主要体现在两个方面：一方面，各级机关、企事业单位、社会团体都可以使用通告，因而通告的使用单位是较为广泛的；另一方面，通告的内容可以涉及社会的方方面面，因而通告具有内容上的广泛性。

第六，行业性。通告的发文机关不同，其内容、表达方式等也会有所差异，而且在写作中往往要引用一些行业术语、行话以及行业法规、规章等。这就决定了通告具有一定的行业性特点。

②通告的种类

通告以其作用和目的为依据，可以分为以下两类。

第一，周知性通告。周知性通告是向社会公众公布其应当周知的事项，如发生的新情况、出现的新事物、做出的新决定等。比如，《中华人民共和国公安部关于在全国实施居民身份证使用和查验制度的通告》。周知性通告的法规性较弱,但专业性较强,而且具有一定的约束力。一般来说,各专业部门、社会团体和企事业单位等都可发布周知性通告。

第二,法规性通告。法规性通告是向告知对象公布有关政策、法规或要求遵守的约束事项,而告知对象在收到这一类通告后,必须严格遵守或执行。比如,《关于严禁燃放烟花爆竹的通告》。法规性通告的法规性较强,而且具有一定的权威性和强制性。因此,法规性通告的发文者只能是国家行政机关。

要特别指出的一点是,周知性通告和法规性通告之间并没有绝对的界限,两者在内容上会存在一些重合。

（2）通告的具体写作技巧

①通告的写作格式

在写作通告时,通常由以下四个部分构成。

第一,标题。在写作通告时,标题是必须要有的。一般来说,通告标题的写法有以下几种。

一是发文机关＋事由＋文种,如"××省人民政府关于打击小额走私成品油活动的通告"。一般来说,法规政策类通告的标题要尽可能采用这种形式。

二是发文机关＋文种,如"××市房地产管理局通告"。

三是事由＋文种,如"关于禁止学生酗酒的通告"。

四是只标出文种"通告"。一般来说,当通告的内容不是特别重要时,可以采用这种标题形式。另外,基层单位在发布公告时,也可以采用这种标题形式。

第二,主送机关。一般来说,在写通告时需要将主送机关明确标注出来。当然,在一些情况下也可以不标明主送机关。

第三,正文。通告的主体是通告的正文,通常由以下几部分组成。

一是通告缘由。通告缘由包括通告的背景、依据、原因、目的、意义等,这一部分的写作必须要简明扼要,而且语言必须要精炼。在写作通告缘由时,常用的句式有两种:一种是"为×××,特通告如下";另一种是"根据×××,决定×××,特此通告"。

二是通告事项。通告事项是通告的主体,要具体写明通告的事项和有关规定。另外,当通告事项的内容比较多时,选择分条列项的表达方式较为恰当,而且要注意条理分明、层次清晰;而当通告事项的内容比较少且较为简单时,可不分条列项,即采用贯通式写法。但是,不论采用哪种表达方式,都要求文字简明、具体、准确等。

三是通告结尾。在通告中,结尾这一部分是可有可无的。如果需要写结尾,则用"特此通告""本通告自发布之日起实施"等规范用语作为结束语,写法比较简单。另外,这一部分要写明执行的具体要求,包括执行日期、程度、范围、措施、希望和要求等。

第四,落款与成文日期。落款是指通告发文机关的签署,在正文的右下方标署,并加盖公章以示效力。如果标题已写上了发文机关的名称,则结尾处可以省略。通告成文时间标署在落款之下,也可以写在标题之下,而且年、月、日需要标全。

②通告的写作注意事项

在写作通告时,除了要遵守上面的写作格式,还要特别注意以下几个方面。

第一,在写作通告时,发文机关要考虑到自身的职权,不可超出自己的职权来发布通告。

第二,在写作通告时,要将通告事项写得明确具体,以便于人们进行理解与执行等。

第三,在写作通告时,要尽可能使用准确简明、通俗易懂的语言。若是涉及专业性的内容,要注意专业术语运用的准确性。

第四,在写作通告时,要注意行文的逻辑性与严密性。

(二)通报的写作技巧

1. 通报的基本认知

通报是用于表彰先进、批评错误、传达重要精神和告知重要情况的知照类行政应用文。通报有较为广泛的应用,传达情况、告知事项、批评错误、表扬好人好事等,都可以运用通报的方式。此外,通过通报缩写的内容,可以对发文机关的态度、立场和主张等予以了解,以便更好地开展工作。

(1)通报的特点

通报的特点,具体来说有以下几个。

①典型性

通报的这一特点是针对通报的对象而言的,即并非所有的人和事都可以作为通报的对象。通常来说,只有具备一定的典型性,能够对事物的本质规律予以反映和揭示,同时具备广泛的代表性和鲜明个性的人和事,才能够成为通报的对象。

②指导性

通报会涉及多样化的内容,而且不论具体的通报内容是哪一种,目的都在于通过对典型事例或情况的告知,指导人们对是非进行辨别,或是对经验教训进行总结,以形成新的风气。

③严肃性

通报的制发者是上级机关,而且上级机关发布通报的目的是指导工作。因此,通报中的内容实际上代表了上级机关的意见,是上级机关撰写的具有严肃警戒性或表彰性的行政文体。

④时效性

在制发通报时,针对的是当前工作中出现的情况或问题。一旦客观情况发生了变化,通报中情况或问题便可能不再具有典型性。因此,时效性也是通报的一个重要特点。

(2)通报的种类

通报以内容为依据,可以分为以下几类。

第一,情况通报。对重要的情况或重要精神进行传达的通报,便是情况通报。这一类通报是有关单位对工作动向进行深入了解与全局把握的重要依据,也有助于有关单位在工作中统一认识,推动工作的顺利开展。

第二,表彰性通报。对先进单位或先进个人进行表彰的通报,便是表彰性通报。这一类通报中要对先进经验或先进事迹进行介绍,并会号召大家向先进典型学习。

第三,批评性通报。对错误进行批判或处分的通报,便是批评性通报。这一类通报起着警戒作用,目的是避免类似情况的再次发生。

2. 通报的具体写作技巧

(1)通报的写作格式

在写作通报时,通常由以下三个部分构成。

①标题

在写作通报时,标题是必须要有的。一般来说,通报标题的写法有以下三种。

第一,发文机关+事由+文种,如"国务院办公厅发布关于印发要素市场化配置综合改革试点总体方案的通知"。

第二，事由＋文种，如"关于表彰××年度记功嘉奖人员、先进工作者的通报"。当通报在规模较小的单位内部发布时，不书写发文机关，人们也很明白。因此，在实际操作中，一些通报省略了发文机关。

需要注意的一点是，一些通报在标题的前面会冠以机关单位的名称，如"中共×市纪律检查委员会通报"。

②主送机关

一般来说，在写通报时需要将主送机关明确标注出来。当然，一些普发性通报可以不标明主送机关。

③正文

通报的主体是通报的正文，通常由开头、主体和结尾等部分组成。

开头说明通报缘由，包括发文意义、根据、背景、事项提要以及对此事的态度等。在通报中，可根据实际情况来决定是否写通报缘由。另外，在通报缘由中涉及事项提要时，要注意进行高度概括，不可展开书写，以免与主体部分的"通报事项"相重复。

主体说明通报事项和通报决定。一般来说，通报事项必须具备一定的典型性，以告知事实，使人们明确应如何去做。这一部分的写作内容是比较多样化的，既可以写表彰事迹，也可以写错误事实或事情经过，还可以写重要精神或情况等。此外，通报事项的写法主要有两种：一种是直述式写法，即将通报事项直接写入正文的方式；另一种是转述式写法，即以某种文件或材料为基础进行转达叙述，将通报事项放在附件而非正文中。不论采用哪种通报事项写法，都必须要论述清楚通报事项，并要确保论述的客观性和准确性。通报决定即对表彰先进或批评错误作出嘉奖或惩处的决定措施，其内容必须要明确，而且在内容涉及多人的情况下可采取分段书写的方式。

结尾提出通报的希望和要求。这一部分实际上是以通报的内容为依据，向不同的对象提出"号召、打算、要求"。比如，情况通报需要在结尾处提出指导性意见，以便对全局工作进行有效的指导；表彰性通报需要在结尾处激励人们以先进典型为榜样，切实向榜样学习；批评性通报需要在结尾处对某一方面的精神或纪律进行重申，以便人们能够引以为戒。

通报的类别不同，其正文内容及其在写法上也会有一些差异，下面对其进行具体分析。由于情况通报的主要作用是对情况进行沟通，以便下级单位和群众对上级机关的工作有清晰的认知，继而统一认知和行动的步伐,确保全局工作的顺利开展。因此,在写作这一类通报的正文时,既要对有关情况进行通报,又要对这些情况进行分析并得出结论。至于具体的写法,有的是先对相关情况进行说明,然后分析这些情况并得出结论;有的则是先得出结论,再列举相关的情况对结论进行证明。在写作表彰性通报时,开头部分应先对事件的情况进行概述,接着对通报的缘由进行说明。由于通报缘由是通报写作的重要依据,因此在这一部分必须写清楚表彰对象的先进事迹。如果表彰的个人或单位一贯表现良好,那么在具体论述表彰缘由时要注意详略得当、重点突出。在写作表彰性通报的主体部分时,首先要客观地对先进事迹进行分析,接着要对事件的性质和意义进行阐述,最后要写明通报的决定。在对表彰性通报的结尾进行写作时,应提出明确的希望与要求,并号召大家向先进学习。在写作批评性通报时,若针对的是个人,则在写法上类似于表扬性通报,即先摆事实,然后对事实进行分析与评论,最后写明希望与要求;若针对的是国家机关或集体,则要具体分析恶性事故的原因、性质、后果、得出的教训以及之后的改进措施等,以便指导接下来的工作。

④落款与成文日期

落款是指通报发文机关的签署,在正文的右下方标署,并加盖公章以示效力。如果标题已写上了发文机关的名称,则结尾处可以省略。通报成文时间标署在落款之下,也可以写在标题之下,而且年、月、日需要标全。

(2)通报的写作注意事项

在写作通报时,除了要遵守上面的写作格式,还要特别注意以下几个方面。

第一,通报中所写的内容必须是真实无误的,所引用的材料也必须保证其真实性。为此,在写作通报时需要进行深入的调查研究,认真核对有关情况和事例,并对其进行客观分析。在此基础上,决定最终的写作内容。

第二,在写作通报时,对于通报决定的写作必须要做到态度鲜明、实事求是,并要保证结论的公正性与准确性,把握好语言运用的分寸。只有这样,通报才能更具备说服力,且尽可能不产生副作用。

第三,在写作通报时,要尽可能使用简洁、庄重的语言,同时要注意用语分寸,以确保通报的内容更容易被接受。另外,通报中的语言不可过空过大,要力求文实相符。同时,通报中涉及的事件无论多么复杂感人,都要避免大起大落地渲染铺排。

(三)命令与决议的写作技巧

1.命令的写作技巧

(1)命令的基本认知

命令是一种带有强制性要求的行政应用文。它适用于公布行政法规和规章、宣布施行重大强制性措施、批准授予和晋升衔级、嘉奖有关单位和人员。

①命令的特点

命令的特点,具体来说有以下几个。

第一,权威性。命令本身并不是法律、法规,但能依照有关法律法规发布行政法规和规章,确定其发布名称、实行日期和范围,能用于国务院及其各部门、县级以上的人民政府施行重大强制性行政措施,奖惩有关人员,撤销下级机关不适当的决定,一经发布,便产生权威性。

第二,强制性。命令的这一特点指的是命令在发布之后,受令者对其必须绝对服从,绝对不能违反、抵制该规定,也不能对命令进行讨价还价。

第三,限制性。命令的这一特点指的是命令的发布者有一定限制,即并不是所有的行政机关都能发布命令。在我国,命令的发布者只有全国人民代表大会的常务委员会、委员长,国家主席,国务院和国务院总理,国务院各部委及其部长、主任,地方各级人民政府和各级人民代表大会。除此之外,其他机关、单位和团体都不可发布命令。

②命令的种类

命令依据不同的标准可以分为不同的类型,下面介绍几种常见的分类方式。

第一,以形式为依据,可以将命令分为带附件的命令和不带附件的命令两类。

第二,以作者为依据,可以将命令分为以政府机关名义发布的命令和以政府机关领导人名义发布的命令两类。

第三,以内容为依据,可以将命令分为公布令、行政令、任免令、奖惩令、特赦令、动员令、戒严令、通缉令、撤销令等。其中,公布令是依照有关法律公布行政法规和规章的命令。行政令是宣布施行重大强制性行政措施的命令。任免令指对国家权力机关的干部任免时使用的命令。奖惩令就是用来奖励和惩戒有关人员的命令,有嘉奖令和惩戒令之分。嘉奖令是奖励的最高级别,用于奖励贡献突出的个人或集体;惩戒令在实践中很少使用,而且新的《国家行政机关公文处理办法》已不再提及这种命令。撤销令指用于撤销下级机关或下级机关不适当的决定时下达的命令。

(2)命令的具体写作技巧

命令中的内容是很严肃、庄重的,而且命令的内容较为单一,这就决定了命令的写作有一些独特的要求。

①命令的写作格式

命令,通常由四部分构成。

第一,标题。命令的标题构成主要有三种情况,具体如下。

一是发文机关+事由+文种,如"国务院中央军委关于表彰参加阅兵装备工作各单位和全体同志的命令"。

二是发文机关(机关领导人职务)+文种,如"中华人民共和国主席令"。

三是事由+文种,如"向全国进军的命令"。

第二,令号。命令不写机关代字和年号,只写令号,如"第36号"。它是从发令机关或发令人履行职权开始编流水号的,到任职期满为止,下任另行编号。令号加小括号置于标题之下。

第三,正文。命令的正文一般先写发令的缘由、目的、依据,接着写命令(令)事项,再写执行要求。公布令的正文多是复合式结构,即由发布语和被发布的文件构成。

第四,落款。在这一部分,要签署发令机关全称,以领导人职务名称发布的,要加上领导人的职务及姓名,并标注发令日期加盖印章。

②命令的写作注意事项

在写作命令时,除了要遵守上面的写作格式,还要特别注意以下几个方面。

第一,在写作命令时,必须做到文风庄重严肃,语气坚决有力。

第二,在写作命令时,必须要注意结构严谨。命令的行文简短扼要,只需简洁准确地阐明必须遵守与执行的事项与要求,不必对事项的意义阐发过多道理。

第三,在写作命令时,篇幅宜精短,用语宜精练。

2. 决议的写作技巧

（1）决议的基本认知

决议是各级党和国家领导机关就重要事项经全体党代表或党的委员会会议讨论通过的重要决策，并要求进行贯彻执行的重要指导性公文。

①决议的特点

决议的特点，具体来说有以下几个。

第一，指导性。决议对于下级党政机关来说，是其在进行工作规划制定和工作安排时必须要考虑的一个重要依据。

第二，权威性。决议的发布者是党的领导机关，因而其从某种角度来说反映了党的领导机关的意志。此外，决议在经党的会议讨论通过后，必须要予以贯彻执行。

②决议的种类

以内容和性质为依据，可以将决定细分为以下几类。

第一，批准性决议。其是用于对相关文件表示肯定或否定意见的决议，目的是要公布相关文件审议的进程、结果。批准性决议的内容，可以是批准领导人在某次会议上所做的工作报告，批准会议上审议讨论的文件，也可以是会议上讨论、处理的重大工作事项等。

第二，公布性决议。其是就某项重大法规、提案，经法定会议讨论、审议表决后公布该项法规、提案而使用的决议。

第三，阐述性决议。其是将某些重大结论的具体内容加以展开阐述的决议，是针对某一专题性问题做充分说明的决议类别。

第四，部署性决议。其是用于发布经会议审议、表决通过，并要求下级机关贯彻执行某项重大决策事项的决议。

（2）决议的具体写作技巧

①决议的写作格式

决议通常包括以下三个部分。

第一，标题。在写作决议的标题时，有三种具体的写法：第一种是发文机关＋主要内容＋文种；第二种是会议名称＋主要内容＋文种；第三种是主要内容＋文种。

第二，成文日期。在决议标题下面居中的位置，需标明决议的成文日期，而且需要将成文日期放在括号内。决议成文日期有两种写法：一种是决议标题中已涉及会议名称,则只需要在括号内标明具体的决议通过时间即可,要年、月、日齐全;另一种是决议标题中不涉及会议名称,则需要在括号内标明会议名称,再加上具体的决议通过时间。

第三,正文。决议的正文是由三部分组成的,第一部分是开头。在这一部分,需要写明决议的依据,还需要写明决议批判的依据,以及决议的通过时间和生效时间等。决议正文的第二部分是主体,在写作这一部分时,可以依据实际情况选择灵活多样的写法。若是批准事项或通过文件的决议,则在这一部分要着重对决议的意义进行强调,并要号召执行事项或文件,还要明确具体的执行要求;若是安排工作的决议,则要将工作的内容、措施、要求予以说明,内容较多且较复杂的情况下可以采用分层次列小标题的形式或是分条撰写;如果对原则性问题进行阐述的决议,则最好采用夹叙夹议的写法,将原则性问题阐述清楚。决议正文的第三部分是结尾,多提出希望,或是号召履行决议。当然,这一部分也可以省略,即随着决议主体部分的结束,全文也就自然结束了。

②决议的写作注意事项

在写作决议时,除了要遵守上面的写作格式,还要特别注意以下几个方面。

第一,在写作决议时,要忠于会议的主旨,把握会议的中心。写作上要叙议结合,定性准确,评价恰当,激发人们执行决议的积极性和自觉性。

第二,在写作决议时,文字要简明扼要。决议一般不写过程,只写清楚什么时间、召开什么会议、作出了什么决议就行,重点放在决议事项上。当然,内容是否简明扼要,并不是以篇幅长短作为衡量标准,决议篇幅是长是短,要根据决议的内容和担负的任务来定。

第三,在写作决议时,格式要规范。决议应按规范标准去写,而且其为普发性公文,一般没有主送机关和落款。

(四)通知的写作技巧

1. 通知的基本认知

通知是向特定受文对象告知或转达有关事项或文件,让对象知晓或执行的行政应用文。

（1）通知的特点

通知的特点，具体来说有以下几个。

①广泛性

通知的广泛性特点主要体现在三个方面。第一，通知的发文机关是十分广泛的，即不论是国家级的党政机关，还是基层的企事业单位，都可以发布通知；第二，通知的受文对象是十分广泛的，通知的受文对象主要是基层工作岗位上的干部和职工，这一类群体的数量是极大的；第三，通知的内容是十分广泛的，既可以是国家层面的重要事项安排，也可以是某一单位内部要告知的一般事项。

②灵活性

这一特点是针对通知的写法而言的，即在写作通知时，字数可多可少，从几十个字到数千字不等；结构层次可以简单明了，也可以较为繁杂；要求上可以是只要求受文对象知晓，不需要落实、执行或进行具体的办理，也可以要求受文对象在知晓的基础上予以执行。

③时效性

发文机关在发布通知时，通常要求通知事项进行及时办理与执行。也就是说，通知是有一定时效性的，需要在规定的时限内对相关事项进行处理。

（2）通知的种类

通知以其适用范围为依据，可以分为以下几类。

第一，发布性通知。这一类通知多用于发布政策、法规、法律或印发有关文件等。

第二，传达性通知。这一类通知又可以细分为三类：一是传达要求下级机关办理，具有指挥功能的通知，多用于日常工作布置；二是传达要求有关单位周知，具有周知功能，多为"会议""任免"通知；三是传达要求有关单位执行，具有约束功能的通知。

第三，批转、转发性通知。这一类通知只是借助于它使用的灵活性和发文机关的权威性，将其他的文件予以批转、转发到有关下级单位。通常而言，这一类通知的指挥性特点是比较明显的，有些还可以具有指令性。

第四，任免性通知。这一类通知多用于发布需要平级或下级单位知晓的上级机关的任免事项，或是上级机关对下级机关领导人的任免事项。

第五,指示性通知。这一类通知用于处理日常工作中带事务性的事情,常把有关信息或要求用通知的形式传达给有关机构或群众。指示性通知有时只需要下级机关知晓,不需要下级机关办理或执行,有时则需要下级机关办理或执行。

第六,会议通知。这一类通知是以召开某次会议的有关事项为内容的通知,内容涉及会议名称、主持单位、会议内容、起止时间、参加人员、会议地点、报到事宜及相关要求等。

2.通知的具体写作技巧

(1)通知的写作格式

通知通常要由以下五个部分构成。

①标题

在写作通知时,标题是必须要有的。一般来说,通知标题的写法有以下几种。

第一,发文机关+事由+文种,如"国务院办公厅关于2022年部分节假日安排的通知"。一般来说,内容重要的通知或是缺略眉首的通知,需要采用这种标题形式。

第二,事由+文种,如"关于召开全国高等教育自学考试指导委员会第三届专业委员会全体会议的通知"。一般来说,具有眉首的通知应采用这种标题形式。

第三,发文机关+批转(转发)+事由+文种,如"转发国家经委办公厅批转《经济日报》发行工作座谈会纪要的通知"。

②主送机关

一般来说,在写通知时需要将主送机关清楚地标注出来,即必须指定此通知的承办、执行和应当知晓的主要收文机关。当主送机关单一或不超过三个时,应直接书写或依次排序。而主送机关较多时,应采用抽象概括的写法,并用顿号与逗号区别主送机关的类别。当然,在通知的发文范围较为广泛的情况下,可以不标明主送机关。

③正文

通知的主体是通知的正文,通常由以下几部分组成。

第一,通知缘由。通知缘由可包括通知的背景、依据、原因、目的、意义等,内容重要的通知要尽可能将通知缘由写得详细、清楚一些,内容不是特别重要的通知可以将通知缘由写得简单一些。另外,在通知缘由的末尾,可以加上"特此通知如下""现通知如下""特作如下通知"等承启语。

第二,通知事项。通知的种类不同,其通知事项的写法也会有一定的差异。但总体而言,都可以采用叙述或列条款的方式来写明通知的具体内容。另外,在通知事项中可以涉及通知的要求,即对下级如何执行通知提出要求。

第三,通知结尾。在通告中,结尾这一部分是可有可无的。如果需要写结尾,可以采用三种形式:一是具体阐述执行要求或希望;二是用"请遵照(贯彻、照此、研究、参照)执行""本通知自下发之日起实行"等结束语结尾;三是用其他说明进行结尾。

④附件

在有些通知中会存在附件,如批转、转发、印发通知等必须要有附件。虽然说附件在书写中居于附件位置,但仍是正文的一个重要组成部分。一般来说,附件名称位于正文下空1行居左空2字,标识"附件"及附件名称。而附件原文应置于公文正文后,在附件页左上角第1行顶格标识"附件"两字。在序号、附件名称后,下附"附件"原文。

⑤落款与成文日期

落款是指通知发文机关的签署,在正文的右下方标署,并加盖公章以示效力。如果标题已写上了发文机关的名称,则结尾处可以省略。通知成文时间标署在落款之下,也可以写在标题之下,而且年、月、日需要标全。

(2)通知的写作注意事项

在写作通知时,除了要遵守上面的写作格式,还要特别注意以下几个方面。

第一,在写作通知时,要根据具体的写作内容选择恰当的通知种类。只有这样,才能确保通知发挥出最大的效用。

第二,在写作通知时,必须要写清楚开展什么工作,完成哪些任务,达到什么目的,采取什么办法,注意哪些问题。

第三,在写作通知时,被通知单位的名称要写全。

（五）请示的写作技巧

1. 请示的写作技巧

（1）请示的基本认知

请示是下级机关向上级机关请求指示、批准时使用的公文,是一种上行双向性公文。一般来说,凡是下级机关在工作中遇到无力解决、无权决定或按照规定必须经上级机关决定或批准后才能办理的事项,都必须向主管的上级机关请示,否则将视为越权行为。

①请示的特点

请示的特点,具体来说有以下几个。

第一,陈请性。请示是向上级机关请求指示和批准的公文,具有陈请的性质。这一性质决定了请示在文字的表述上应与作者的地位相吻合,请求的理由要充分合理,政策依据要准确得当,应多用诚恳的、祈使的方式和口吻。

第二,超前性。请示必须在事项办理之前进行,否则便不能称之为请示了。从这一角度来说,请示具有超前性特点。

第三,期复性。下级机关向上级机关呈报请示,主要目的是请求上级机关对相关事项进行批准,以便能够顺利开展接下来的工作。对于下级机关呈报的请示事项,上级机关可以"批复"同意,也可以"批复"不同意,但必须要"批复",且"批复"必须要明确。从这一角度来说,得到上级机关的批复是下级机关写作请示的直接目的。由于下级机关在写作请示时,多是因为遇到了较为重要的情况或问题,而且急切地希望上级机关尽快做出批复,这便是请示的期复性特点。虽然说请示具有期复性特点,但在具体行文时应逐级进行请示,若情况确实特殊也可以越级请示,但必须同时抄报给被越过的直接上级机关。

第四,单一性。下级机关向上级机关呈报请示时,应做到"一事一报"。也就是说,在一份请示中,请示的只能是一项工作、一种情况或一个问题。若存在多个事项需要请示的情况,则可以同时写多份请示,并分别呈报上级机关进行批复。

②请示的种类

以内容和性质为依据,可以将请示细分为以下几类。

第一,请求指示性请示。其适用情况主要有三种:一是遇到新情况、新问题,在有关的方针、政策、规章以及上级的指示中,都找不到相应的处理依据,无章可循,因而没有对策,需要上级机关给予指示;二是对有关方针、政策和上级机关发布的规定、指示有疑问,需要上级机关给予解释和说明;三是与友邻机关或协作单位在较重要的问题上出现意见分歧,需要上级机关裁决。

第二,请求批准性请示。下级机关在事项需经上级机关批准后才能办理,或是在工作中遇到必须处理的问题但自身没有权力进行处理时,就需要向上级机关发送请示,请求上级予以进行批准。请求批准性请示的适用情况主要有两种:一种是请求批准有关规定、方案、规划;另一种是请求审批某些项目、指标。

第三,请求批转性请示。对涉及范围较广,带有普遍性、全面性的问题,或较为重大、紧急的事项,需要通过上级机关批转,发至有关单位贯彻执行时,使用请求批转的请示。

(2)请示的具体写作技巧

①请示的写作格式

请示通常由以下五个部分构成。

第一,标题。请示的标题存在三种形式,具体如下。

一是发文机关+事由+文种,如"××市高教局关于自费生收费标准的请示"。

二是事由+文种,如"关于承办省××届大学生歌唱比赛经费的请示"。

三是直接表明文种"请示"。

第二,主送机关。请示的主送机关是指负责受理和答复该文件的机关。每件请示一般只写一个主送机关。受双重领导的机关向上请示,应根据请示的内容,确定负责答复的上级机关为主送机关,另一个则用抄送形式。

第三,正文。一般来说,请示的正文需要包括三部分。第一部分是请示缘由,其关系到请示事项能否成立,也关系到上级机关的批复结果。因此,这一部分是请示写作的关键。一般来说,请示缘由的写作可以从请示事项的背景、请示事项的依据以及请示事项的提出理由等几个方面入手,而且要注意理由的客观性、充分性和具体性,以便于上级机关尽快做出有针对性的批复。第二部分是请示事项,这是请示缘由写作的目的所在,也是下级机关对上级机关提出的具体请求。在写作这一部分时,要注意请求的事项不能违背国家的法律与法规,而且要与实际相符合,且具有实现的可能性。若是请求指示的请示,则要写明需要上级机关指示的问题或内容;若是请求批准的请示,则要分条目写清楚哪些事项需要得到批批准。如是在请求批准的同时还需要得到一些其他帮助,则也要将其写入请示事项之中。第三部分是请示要求。请示要求比较简单,在主体之后。期复请求用语常见的有"当否,请批示""妥否,请批复""以上请示,请予审批""以上请示如无不妥,请批转有关部门执行"等。在写作这一部分时,还要避免用"即请从速批复""请尽快解决"之类的请求语。

第四,附件与附注。在写作请求时,若是存在附件,可注明序号、名称,在正文之后写出附件的原文。而附注是为了使上级机关便于与下级机关沟通,其位于成文日期下一行居左空两字,加圆括号注明发文机关联系人的姓名和电话号码。

第五,落款与成文日期。落款是指请示发文机关的签署,在正文的右下方标署,并加盖公章以示效力。请示的成文日期通常位于落款下,并将年、月、日标全。

②请示的写作注意事项

在写作请示时,除了要遵守上面的写作格式,还要特别注意以下几个方面。

第一,在写作请示时,要注意"一文一事"。意思是,在一篇请示中,涉及的事项只能有一件。若是涉及多个请示事件,则需要写多篇请示。此外,在一篇请示中,所涉及的事项不能同时请示多个部门进行批复,以免延误时间,影响工作的顺利开展。

第二,在写作请示时,所请示的内容应是具体、明确且与事实相符合的。同时,要写明请示的理由以及具体要求。在请示中,若有多个解决方案,则要同时呈报上级机关,并要指出自身所倾向的解决方案,以供其做出选择。

第三,在写作请示时,必须要求上级对请示的内容予以明确表态,并要做出批复。

第四,在写作请示时,要尽可能使用平实、恳切的语言,同时要注意语言不可过于生硬或是客套,以便被上级所重视。

（六）报告的写作技巧

1. 报告的基本认知

报告是下级机关向上级机关汇报工作、反映情况、答复上级机关询问的行政应用文。报告是一种典型的上行文，对于上下级之间沟通情况、协调工作等具有重要的意义。

（1）报告的特点

报告的特点，具体来说有以下几个。

①汇报性

报告的汇报性特点是其与其他行政文文种相区别的本质特点。报告是下级机关向上级机关对工作的基本情况、工作中出现的问题、工作中取得成绩以及工作中总结出的经验教训等进行汇报时所使用的一种行政应用文。而上级机关在接收到下级机关的报告时，会对报告中涉及的问题进行及时批复，以便下级机关能更有效地开展工作。

②陈述性

下级机关在写作报告时，除了要对相关情况进行反映与汇报，还需要对自己的意见或看法等进行清晰阐述。因此，报告的语言必须是陈述性的，即要用客观陈述的方式进行报告表述。

③主见性

报告的内容不能只摆事实，还必须要有写作单位自己对情况、问题的明确观点、清醒认识、鲜明态度和独到见解。只有这样，上级机关才能通过报告了解下情和考虑问题。因此，主见性也是报告的一个重要特点。

④单向性

报告的单向性特点指的是报告只能是下级机关向上级机关行文，而上级机关不必对报告做出答复。另外，报告不得多头主送，也不得越级主送。

⑤事后性

报告的这一特点是其与请示相区别的一个重要依据，即大多数报告的写作是在事情发生之后或是事情做完之后。

（2）报告的种类

报告依据不同的标准可以分为不同的类型，下面介绍几种常见的分类方式。

第一,以报告的性质与范围为依据,可以将其分为综合报告和专题报告两类。

第二,以报告的时间为依据,可以将其分为定期报告和不定期报告两类。

第三,以报告的行文要求为依据,可以将其分为呈报性报告和呈转性报告两类。

第四,以报告的内容为依据,可以将其具体分为四类。第一类是工作报告,这一类报告是下级机关向上级机关汇报工作时所使用的,内容涉及工作的开展情况、工作取得的成绩、工作中存在的问题、下一步的工作计划与工作目标等。此外,工作报告可以细分为专题性报告和综合性报告两种。其中,专题性报告是针对某项工作中的某一问题所写的报告,其内容有着很强的针对性;综合性报告是针对某一阶段的工作所写的报告,其内容较为全面。第二类是情况报告,这一类报告是下级机关向上级机关就某项工作中出现的新情况或新问题进行汇报时所使用的,而且报告中所涉及的内容有着很强的信息性。第三类是答复报告,这一类报告是下级机关在对上级机关的询问事情进行回答时所使用的,因而在内容上有着很强的针对性。第四类是报送报告,这一类报告是发文机关向上级报送文件、物件时随文随物写的报告,因而内容是较为简单的。

2.报告的具体写作技巧

(1)报告的写作格式

报告通常要由以下四个部分构成。

①标题

在写作报告时,标题是必须要有的。一般来说,报告标题的写法有以下两种。

第一,发文机关+事由+文种,如"××县人民政府关于2021年度金融工作的报告"。一般来说,缺略眉首的报告需要采用这种标题形式。

第二,事由+文种,如"关于社区保障医疗网点建设情况的报告"。一般来说,具有眉首的报告应采用这种标题形式。

②主送机关

一般来说,在写报告时需要将主送机关清楚地标注出来。通常,报告只有一个主送的上级机关。

③正文

报告的主体是报告的正文,通常由以下几部分组成。

第一,报告开头。报告的开头要用简要概括的语言,写明报告的原因、依据和目的,并要有"现将主要情况(工作)报告如下"的习惯用语承启下文。另外,在写作报告的开头时,可以采用三种形式:一是描述式开头,即在报告的开头部分对报告事件概况进行简略叙述;二是背景式开头,即在报告的开头部分对报告产生的现实背景予以交代;三是根据式开头,即在报告的开头部分对报告产生的根据予以交代。

第二,报告主体。报告的类型不同,其主体部分的写作也会有一定的差异。对于工作报告来说,需要在主体部分阐明基本情况、主要成绩、经验体会、存在问题、基本教训、今后意见等。由于工作报告的主体内容比较多,因而在写作时要注意对层次结构进行合理安排。对于情况报告来说,需要在主体部分阐述清楚报告的具体事项,而且要注意内容集中、单一、具体,突出重点。对于答复报告来说,需要在主体部分阐述清楚答复依据和答复事项,其中答复依据要简写,而答复事项既要写得周全,又要注意不要节外生枝、答非所问。对于报送报告来说,需要在主体部分阐述清楚报送的材料、名称、数量以及附件等。

第三,报告结尾。在报告中,结尾这一部分应另起一行,常用的习惯用语有"特此报告""以上报告,请审阅""以上报告如有不当,请指示"等。

④落款与成文日期

落款是指报告发文机关的签署,在正文的右下方标署,并加盖公章以示效力。如果标题已写上了发文机关的名称,则结尾处可以省略。报告成文时间标署在落款之下,也可以写在标题之下,而且年、月、日需要标全。

(2)报告的写作注意事项

在写作报告时,除了要遵守上面的写作格式,还要特别注意以下几个方面。

第一,在写作报告时,要态度诚恳,实事求是,既不能夸大也不能缩小报告的事实、情况、工作成绩等,也要认识到工作中存在的不足。

第二,在写作报告时,要讲清楚报告的具体事项,并要确保报告内容之间存在内在联系。

第三,在写作报告时,要切实避免夹带请示事项。

(七)决定的写作技巧

1. 决定的基本认知

决定是对重要事项或者重大行动作出安排,奖惩有关单位及人员,变更或者撤销下级机关不适当的决定事项的行政应用文。

(1)决定的特点

决定的特点,具体来说有以下几个。

①权威性

领导机关往往通过决定来发布对重要事项或重大行动的安排部署情况,或是奖励先进典型、惩罚错误典型,变更不适当的决定等。因此,决定可以说是领导机关的意志、意图以及政治倾向的重要体现。从这一角度来看,决定具有权威性特点。此外,受文单位在接收到决定后必须无条件执行,否则会遭受惩罚,这也是决定权威性特点的一个重要体现。

②指导性

在写作决定时,若涉及重要事项的决策,则必须要写明具体的工作任务、实施方案和具体举措等,以指导受文单位有效地开展工作。

③制约性

决定是上级机关对重要事项的要求和意图的集中体现,也是下级机关开展工作的重要依据。此外,下级机关在接收到决定后,必须无条件地予以执行。这些都表明决定具有制约性特点。

④稳定性

决定中所涉及的多是较为重大的内容,一旦发布就需要下级机关在较长的时期内予以贯彻执行。从这一角度来看,决定具有稳定性特点。

(2)决定的种类

以决定的功能为依据,可以将其分为以下几类。

①安排性决定

安排性决定是对重要事项或者重大行动作出安排的决定。这一类决定重在对工作进行部署,而且能够约束下级机关的行为。此外,安排性决定通常篇幅较长,且说理成分较多。

②知照性决定

知照性决定即就有关具体事项知照下级机关及有关各方的决定。这一类决定重在简要告知有关单位和人员关于决定的事项,不需要写出执行要求。

③奖惩性决定

奖惩性决定是奖惩有关单位及人员的决定。这一类决定能够在一定程度上体现出发文机关的政治倾向。

④变更性决定

变更性决定是变更或者撤销下级机关不适当的决定事项的文种。之所以要对决定进行变更,最为关键的原因是原决定事项不能适应形势变化。

2. 决定的具体写作技巧

(1)决定的写作格式

决定通常由以下四个部分构成。

①标题

在写作决定时,标题是必须要有的。一般来说,决定标题的写法有以下两种。

第一,发文机关+事由+文种,如"国务院关于2021年度国家科学技术奖励的决定"。

第二,事由+文种,如"关于环境保护工作的决定"。

需要注意的一点是,如果是会议通过的决定,需要在标题下的小圆括号内写明这一决定是什么会议以及决定通过的时间。

②主送机关

一般来说,在写决定时需要将主送机关清楚地标注出来。通常,决定的主送机关是执行本决定的单位名称。

③正文

决定的主体是报告的正文,通常由以下几部分组成。

第一,决定的开头。决定的开头一般用一个自然段,主要说明行文的背景形势,阐述做此决定的原因、目的及其意义。在写作决定的开头时,要尽可能使用简洁且有较强概括性的语言。另外,在写作决定的开头时,要有"特作决定如下"或"特作如下决定"的习惯用语承启下文。

第二,决定的主体。这一部分是表述决定的具体内容,要求写得明确、具体。决定主体部分的写作,若是内容较为复杂,则可以采用条文式的写法,在具体内容的"条""项"之间可以是并列关系,也可以是递进关系;若是内容较为简单,则可以采用简述式写法,用简短几句话对事项作出直接阐述和公布。

第三,决定的结尾。在决定中,结尾这一部分是可有可无的。如果需要写结尾,可以用"本决定自发布之日起施行"等作结,也可以提出希望、号召和要求等。

④落款与成文日期

落款是指决定发文机关的签署,在正文的右下方标署,并加盖公章以示效力。如果标题已写上了发文机关的名称,则结尾处可以省略。决定成文时间标署在落款之下,也可以写在标题之下,而且年、月、日需要标全。

(2)决定的写作注意事项

在写作决定时,除了要遵守上面的写作格式,还要特别注意以下几个方面。

第一,在写作决定时,要提前调查、研究相关资料,并以此为依据来判断作出的决定是否切合实际情况,能否对实际问题进行有效的解决。

第二,在写作决定时,要确保观点鲜明,以便于下级机关有效地执行决定事项。

第三,在写作决定时,要避免使用含糊不清的语言,也不能使用有歧义和有可能引起别人误解的语句。

(八)函的写作技巧

1. 函的基本认知

函是不相隶属机关之间商洽工作,询问和答复问题,请求批准和答复审批事项的行政应用文。函是以不相隶属机关为主送单位的平行文,也是行政应用文中唯一的一种平行文。

(1)函的特点

函的特点,具体来说有以下几个。

①广泛性

函的广泛性特点是针对其使用机关而言的。就当前的社会而言,各级机关在对信息进行沟通、对工作进行商洽、对公务进行联络、对事项进行请准与批答时,都可以借助于函来实现。

②灵活性

函的灵活性特点主要体现在三个方面:一是函的内容是比较灵活

的,可以是沟通信息、商洽工作、答复某一事项等;二是函的写作格式是比较灵活的,既可以分条列项书写,也可以不必提行列段,视具体内容的复杂程度来决定;三是函的写作语气是十分灵活的,既可以是谦恭的,也可以是亲切的,还可以是庄重的,等等。

③沟通性

函作为一种平行文,发挥着重要的沟通作用,即函是不相隶属的机关之间相互沟通信息时所使用的一种行政应用文。因此,沟通性也是函的一个重要特点。

④平等性

函是不相隶属的机关之间相互沟通信息时所使用的行政应用文,而且不相隶属的机关在地位上是平等的。因此,平等性也是函的一个重要特点。

⑤单一性

函的单一性特点指的是函的内容必须要单纯,即一份函只能写一件事项。若是需要写多个事项,则可以写多个函。

(2)函的种类

函依据不同的标准可以分为不同的类型,下面介绍几种常见的分类方式。

第一,以函的发文目的为依据,可以将其分为两类,即发函和复函。其中,发函是主动提出了公事事项所发出的函;复函则是为回复对方所发出的函。

第二,以函的性质为依据,可以将其分为两类,即公函和便函。其中,公函用于机关单位正式的公务活动往来;便函则用于日常事务性工作的处理。由于便函不属于正式公文,没有公文格式要求,甚至可以不要标题,不用发文字号,只需要在尾部署上机关单位名称、成文时间并加盖公章即可。

第三,以函的内容和用途为依据,可以将其分为商洽函,即不相隶属机关间商洽工作的函;问答函,即不相隶属机关间询问和答复问题的函;请批、批答函,即不相隶属机关间请求批准和答复审批事项的函;告知函,即把某一活动或某具体事项告知有关单位,让对方知道或协助办理的函;等等。

2.函的具体写作技巧

（1）函的写作格式

函通常由以下四个部分构成。

①标题

在写作函时,标题是必须要有的。一般来说,函标题的写法有以下三种。

第一,发文机关＋事由＋文种,如"国务院办公厅关于同意成立2019年第六届亚洲沙滩运动会组委会的函"。

第二,事由＋文种,如"关于商情派车运送农民工的函"。

第三,发文机关＋事由＋去(复)函机关＋文种,如"国家标准局对修改和补充(洗衣粉包装箱)国家标准给商务部的复函"。

②主送机关

一般来说,在写函时需要将主送机关清楚地标注出来。函的主送机关只能有一个,而且直接上下级之间不能用函行文。

③正文

函的主体是报告的正文,通常由以下几部分组成：

第一,发文缘由。如果是去函,一般要说明发函意义、根据、背景等；如果是复函,一般要有引语,即引述对方函的标题、发文字号,表示收悉,进行了研究处理。

第二,函事项。函事项的写作,需要分清是去函还是复函。若是去函,应对具体事项予以说明；若是复函,应对发函机关所提出的请求事项或是问题予以批复或回答。此外,在写作函事项时,具体的写作形式要根据事项的复杂程度来确定。若是事项比较简单,则不必提行列段；若是事项较为复杂,则需要将所有事项分条列出。

第三,结尾。函的类型不同,其结尾也会有一定的差异。比如,询问函的结尾常用"请速回复""盼复""请予复函""即请函复"等；请批函的结尾常用"请审查批准""当否,请审批"等。

④落款与成文日期

落款是指函发文机关的签署,在正文的右下方标署,并加盖公章以示效力。如果标题已写上了发文机关的名称,则结尾处可以省略。函成文时间标署在落款之下,也可以写在标题之下,而且年、月、日需要标全。

（2）函的写作注意事项

在写作函时,除了要遵守上面的写作格式,还要特别注意以下几个方面。

第一,在写作函时,要注意开门见山,直陈其事即可。

第二,在写作函时,要注意简明扼要,切忌空话、套话。

第三,在写作函时,要用语平和,措辞得体。

第四,在写作函时,要切实做到一函一事。

(九)纪要的写作技巧

1. 纪要的基本认知

纪要是一种记载、传达会议情况及议定事项的行政应用文。纪要产生于会议后期或者会后,属纪实性行政应用文。

（1）纪要的特点

纪要的特点,具体来说有以下几个。

①纪实性

在写作纪要时,必须要对会议的内容进行实事求是的反映,不能随意地对会议内容进行增减或更改,同时纪要中的内容不能有半点虚假。从这一角度来看,纪实性是纪要的一个鲜明特点。

②概括性

在写作纪要时,必须运用简洁精炼的文字对会议内容以及会议结论等进行高度概括。因此,概括性也是纪要的一个重要特点。需要注意的是,纪要的概括是围绕会议的主旨与主要成果来进行的,而且要着重反映会议的成果。

③指导性

纪要是对会议的基本情况以及会议精神的传达,也是与会单位和相关部门开展工作时的一个重要依据。也就是说,纪要对与会单位和相关部门开展工作具有重要的指导意义。

④特殊性

纪要的特殊性特点是针对其写作称谓而言的,即纪要的表述主体是"会议",因而通常采用第三人称写法,如"会议认为""会议指出"等。

（2）纪要的种类

纪要依据不同的标准可以分为不同的类型,下面介绍几种常见的分类方式：

第一，以会议的类型为依据，可以将纪要细分为办公纪要、工作纪要、座谈纪要、经验交流纪要、学术纪要等。

第二，以会议议定的内容为依据，可以将纪要分为综合性纪要和专题性纪要两类。

第三，以会议的任务、要求为依据，可以将纪要分为决议性纪要、通报性纪要、协议性纪要、研讨性纪要等。

2. 纪要的具体写作技巧

（1）纪要的写作格式

纪要通常由以下四个部分构成。

①标题

在写作纪要时，标题是必须要有的。纪要的标题必须写得明确、具体，且决不能单以"纪要"作为标题。具体来说，纪要标题的写法有以下几种。

第一，发文机关＋会议名称＋文种，如"省经贸委关于企业扭亏会议纪要"。

第二，会议名称＋文种，如"××物理学会×射线专业委员会第三届学术交流会纪要"。

第三，事由＋文种，如"关于黑龙江三江平原农业开发问题的会议纪要"。

第四，正标题＋副标题，正标题阐述会议的主旨、意义等，副标题交代会议名称、文种。比如，"探讨新时期文学的发展——中国当代文学研究会第二次学术讨论会纪要"。

②主送机关

一般来说，在写纪要时可以将主送机关清楚地标注出来，也可以不标注主送机关，十分灵活。

③正文

纪要的主体是报告的正文，通常由以下几部分组成。

第一，纪要的前言。纪要的前言一般是用来记述会议的基本情况，包括会议的名称、时间、地点、主持人、主要议程、参加人员、会议形式以及会议主要的成果等。在这一部分要有"现将这次会议研究的几个问题纪要如下"或"现将会议主要精神纪要如下"等习惯用语承启下文。

第二,纪要的主体。这一部分主要记载会议情况和会议结果。写作时要围绕会议的中心议题,把会议的基本精神,特别是会议形成的决定、决议准确地表达清楚。对于会上有争议的问题和不同的意见,也必须如实给予反映。在写作纪要的主体部分时,可以采用两种写法:一种是分条列项式写法,即把讨论的问题和决议的事项,分条分项写出,以便于理解、记忆、执行;另一种是综合式写法,即把会议内容,按性质综合为若干部分,然后逐一写出,以便将问题说深讲透。

第三,纪要的结尾。在纪要中,结尾这一部分是可有可无的。如果需要写结尾,可用具有鼓动性和号召力的语言收尾,也可用与会人员表示的决心、提出的方向作结,还可以向有关单位提出贯彻执行会议精神的要求。

④落款与成文日期

落款署名一般只用于办公纪要,写明召开会议机关单位名称等。一般纪要则不需要署名,不加盖公章。至于成文时间,可在标题下方标注,也可在落款处标明。

（2）纪要的写作注意事项

在写作纪要时,除了要遵守上面的写作格式,还要特别注意以下几个方面。

第一,在写作纪要时,要保证内容的客观性,即纪要的内容要忠实于会议的实际情况,不能随意增删,也不能随意加入个人的见解和好恶,更不能篡改与会者的观点,变更会议的中心议题。

第二,在写作纪要时,要分清主次,抓住要点,切实将会议的整体情况反映出来。

第三,在写作纪要时,要将重点放在经过会议讨论而统一了认识的结论、决定的论述上,会议中存在较大分歧的意见或没有讨论出结果的问题不能写入纪要。

（十）批复与意见的写作技巧

1. 批复的写作技巧

（1）批复的基本认知

批复是用于答复下级机关请示事项的回复性公文。一般来说,先有请示,后有批复。

①批复的特点

批复的特点,具体来说有以下几个。

第一,针对性。批复是针对请示内容而作,具有鲜明的针对性。一事一批,简洁明确。批复中有时也可以提出一些要求。批复只主送请示党政机关,如果其他党政机关需要知道该批复的内容,可用抄送的形式。

第二,被动性。使用批复的先决条件是下级党政机关向上级党政机关发出"请示",上级党政机关在答复问题时才能使用批复,是先有请示而后才有批复,批复是"事出有因"被动而发的,不能主动行文。

第三,权威性。当下级机关向上级机关发出请求事项后,上级机关需要进行批复。而上级机关在进行批复时,必须要依据相关的法律、法规、政策等进行批复,确保所提出的处理意见和办法是合法的、可行的,且对于下级机关具有一定的行政约束力。由此可以知道,批复具有一定的权威性特点,即上级机关的批复一旦发出,下级机关必须严格按照批复的内容予以执行。从这一角度来看,批复的效用与命令、决定等是相类似的。

第四,决断性。批复是对请示事项的回答,具有指示、决定的性质,因此在内容上必然具有决断性。批复态度要鲜明,语言表达要准确,对下级党政机关要有根据、负责任地明确表示同意或不同意。

②批复的种类

以内容和性质为依据,可以将批复细分为以下几类。

第一,审批性批复,即针对下级机关请示的公务事宜,经审核后所作的指示性答复。

第二,指示性批复,即对下级机关请示的有方针、政策的问题进行的答复。

第三,请求支持、帮助性批复,即针对下级机关在遇到难以解决或无力克服的困难时而提出请求支持或帮助的请示所做出的答复。

(2)批复的具体写作技巧

①批复的写作格式

批复通常由以下四个部分构成。

第一,标题。批复的标题往往会明确表示对请示事件的意见和态度批复。批复的标题通常有五种形式,具体如下。

一是发文机关+批复事项+行文对象+文种,如"国务院办公厅关于深圳特区私人建房问题给广东省人民政府办公厅并福建省人民政府办公厅的批复"。

二是发文机关＋事由＋文种,如"××省人民政府办公厅关于××学校办学经费问题的批复"。

三是事由＋文种,如"关于加强政策研究工作几个问题的批复"。

四是发文机关＋原件标题＋文种,如"佛山市人民政府《关于请求市领导裁决河滨路2号住宅楼产权争议的请示》的批复"。

五是只标注文种"批复"。

第二,主送机关。这里所说的主送机关,实际上就是请示的发文机关。一般来说,主送机关只能有一个。由于批复不能越级行文,因此当下级机关所请示的问题无法得到上级机关的批复时,上级机关就需要将"请示"转报给更上一级的机关。此时,"转报机关"就变为了主送机关。

第三,正文。批复的正文需要包括三方面的内容,具体如下。

一是发文缘由,其要包括对方的请示以及与请求事项有关的方针政策和上级规定。对方的请示是批复最主要的论据,要点出批复对象,一般称收到某文,或某文收悉。要写明是对于何时、何号、关于何事的请示答复,时间和文号可省略也可以标出。

二是批复意见,其是针对请示中提出的问题所作的答复和指示,意思要明确,语气要适当,什么同意,什么不同意,为什么某些条款不同意,注意事项等都要写清楚。批复要求,一般写在结尾处,是从上级机关的角度提出的一些补充性意见,或是表明希望、提出号召,如果同意,可写要求;不同意,亦可提供其他解决办法,其文字要简约。批复必须坚持一文一批的原则,不得将若干请示合在一起用列条的方式分别给以答复。

三是结尾,一般用"此复""特此批复"等结束用语作结,也可略去不写。

第四,落款与成文日期。落款是指批复发文机关的签署,在正文的右下方标署,并加盖公章以示效力。批复的成文日期通常位于落款下方,并将年、月、日标全。

②批复的写作注意事项

在写作批复时,除了要遵守上面的写作格式,还要特别注意以下几个方面。

第一,在写作批复时,要有针对性,即请示要求解决什么问题,批复就答复什么问题。

第二,在写作批复时,要有明确的观点。批复既是上级机关指示性、政策性较强的公文,又是对下级单位请求指示、批准的答复性公文,因而撰写批复要慎重及时,根据现行政策法令及办事准则,及时给予答复。撰写时,不管同意与否,批复意见必须十分清楚明白,态度明朗。不能含糊其辞,模棱两可,以免下级无所适从。

第三,在写作批复时,一定要及时,以免贻误工作,造成重大损失。

第四,在写作批复时,要做到言止意尽,庄重周严,以充分体现批复的权威性。

2. 意见的写作技巧

(1) 意见的基本认知

意见是对重要问题提出见解和处理办法的一种行政应用文。意见是使用范围比较广泛、行文比较灵活的文种,各级党政机关、社会团体和企事业单位均可使用,并且越高层次的机关使用得越多。

①意见的特点

意见的特点,具体来说有以下几个。

第一,针对性。意见要针对工作中的重要问题提出本单位的见解和具体处理办法。这种"见解"和"处理办法"无疑具有鲜明的指向。

第二,灵活性。意见可多向行文。意见作为上行文,可报上级机关;作为下行文,可发给下级机关;作为平行文,可送不相隶属机关。当它上行时,具有报请性,像请示,可以提出工作建议或参考意见,受文单位应按请示性公文的程序和要求进行办理;当它下行时,具有指挥性,像批复,可以直接阐明工作的原则、重点,提出要求,表明主张;当它平行时,具有协商性,像函,可以向不相隶属的部门提出意见或建议,进行沟通或商榷。因此,意见的行文是十分灵活的。

第三,可操作性。下级机关在针对对某事的认识向上级机关进行汇报时,需要写明具体的办法,以供上级机关了解情况并做出正确的决策;上级机关在向下级机关传达意见时,意见的内容必须是明确的、具体的、可行的,确保下级机关能够依据意见开展工作;不相隶属的机关就某一问题进行商榷时,必须提出理由充分的可行性方案,以便双方能够接受与实行。

②意见的种类

以内容和性质为依据,可以将意见细分为以下几类。

第一,指导性意见,即上级领导机关用于向下属机关部署工作,阐明工作的任务、指导、思想、原则、重点和要求时直接下发的公文,本质上已不再是参谋建议的性质,而是具有了较强的指导性和行政约束力。

第二,建议性意见,即下级机关向上级机关提出改进、推动某项工作或解决某个问题的思路、设想、建议,供上级机关决策时参考的意见。下级机关所提出的建议性意见,有时所涉及的事项不在本部门的职权范围之内,这种情况下写作建议性意见就要注意:主办部门与事项所涉及的其他部门进行主动协商,在意见统一之后才可以行文;若是意见不统一,则需要主办部门的主要负责人与其他部门的负责人进行再次协商,在意见仍无法统一的情况下,主办部门可以将各方理据都列明,并提出建设性意见。当相关部门确认之后,便可以呈报上级。这表明,建议性意见是一种上行文。因此,建议性意见的报送是有明确规定的。此外,建议性意见在获得上级机关的批准后,便会转变为上级机关的指导性意见,从而具有了行政约束力。

第三,协商性意见,即两个机关互不隶属又需要对一些工作进行协调时,一个机关向另一机关主动发送的对事项进行协商的意见。这一类意见类似于商洽函,只不过其侧重于针对重点问题提出见解和处理的办法。此外,协商性意见应在发文机关确实需要收文机关予以工作上的帮助或支持时才能发送。

第四,实施性意见,即某级组织或机关就开展某项工作或活动,贯彻落实上级机关的某项决定、指示时,所提出的具体实施意见和要求。与指导性意见相比,它更具体、更实际,更具有可操作性。

(2)意见的具体写作技巧

①意见的写作格式

意见通常由以下四个部分构成。

第一,标题。意见的标题形式有两种:一种是发文机关+事由+文种,如例文"国务院办公厅关于实施《国家行政机关公文处理办法》涉及的几个具体问题的处理意见";另一种是事由+文种,如"关于加强学校卫生防疫与食品卫生安全工作的意见"。

第二,主送机关。意见若是上行文,则主送机关应直接写明上级机关名称;意见若是下行文,则主送机关为所属下一级机关、单位。凡这类意见,落款时应标明发文机关和时间。

第三,正文。意见的正文应包括三方面的内容,具体如下。

一是发文缘由,即意见写作的背景、根据与意义。在这一部分,还可以对工作情况进行概述,并进一步阐述工作中出现的问题等。意见若是下级机关发送给上级机关的,或是平行机关间相互发送的,则需要对拟制意见的意义与理论根据进行充分说明,以便获得上级机关或是平行机关的支持。意见若是上级机关发送给下级机关的,也需要对制发意见的意义进行明确,以便受文机关能够自觉、主动地予以执行。发文缘由末尾常以承启语"特提出如下意见"或"现提出以下意见"过渡到主体文部分。

二是意见事项,即针对问题所提出的建议、主张、处理办法、具体任务等。当上级机关向下级机关传达意见时,要么为下级机关安排部署重要的工作,要么是对下级机关的工作提出指导意见。在写作这一类意见时,必须要用凝练的语言将主题表达出来,而且主题必须鲜明,还要注意文风庄重;可多采用"总—分"式的写法,即先对总任务、指导思想和原则进行阐述,然后借助于标题、主题句、序号等,将具体的内容分层次阐述清楚。在内容上,不仅要有必要的理论阐述和总体情况分析,还要对工作开展的指导思想、要求与措施等进行详细阐述,以便下级机关在开展工作时有据可依。当下级机关向上级机关反馈意见时,若所反馈的意见是为上级机关的决策提供参考,则意见中必须写明相关的政策与实践依据,还必须将建议的理由以及具体内容写清楚,以供上级机关决定是否采纳;若是为了让上级机关对意见进行批转或转发,则写作内容应放在工作办法和工作要求上,且尽可能采用陈述和说明这两种表达方式。

三是结尾。对上行意见来说,是下级机关上报请示意见后对上级机关提出请求批准要求;对下行意见来说,是上级机关对下级机关布置具体任务后下达执行要求;对平行意见来说,是发文机关希望不相隶属机关予以帮助与支持而提出的协商性要求。因此,在写作这一部分时,必须写明行文的目的。若是意见事项部分已将行文目的阐述清楚,则这一部分也可以省略。

第四,落款与成文日期。落款是指意见发文机关的签署,在正文的右下方标署,并加盖公章以示效力。意见的成文日期通常位于落款下,并将年、月、日标全。

②意见的写作注意事项

在写作意见时,除了要遵守上面的写作格式,还要特别注意以下几个方面。

第一,在写作意见时,要首先明确是否有写意见的必要性。一般来说,只有重要问题才能采用意见。

第二,在写作意见时,要充分考虑到自身的地位。也就是说,发文机关不同,其写作意见也会有所不同。比如,上级机关在写作意见时,可以针对需解决的问题提出原则性要求,并对问题的具体处理办法进行阐明;下级机关在写作意见时,应围绕需解决的问题提出可行性建议;不相隶属机关在写作意见时,应围绕需解决的问题提出意见供对方参考。

第三,在写作意见时,要全面深刻地领会和掌握党的有关方针、政策,并以此作为提出意见的指导思想,这是写好意见的基础。

第四,在写作意见时,要确保所提出的意见符合实际,切实可行。

第三章　经济应用文写作实训研究

在生产、交换、流通、消费等经济活动领域中,经济应用文的应用是十分广泛的。借助于经济应用文,经济生产、经营活动等得以更有效、更便捷地开展起来。此外,不论是单位还是个人,都可以运用经济应用文来组织、指导经济活动,以保证经济活动的正常运行,取得最佳的经济效益。

第一节　经济应用文的概念与分类

一、经济应用文的概念

经济应用文又称"经济文书",是用于经济活动领域的各种文体的总称。它是经济部门、企事业单位对经济信息进行传递、对经济事务进行处理、对经济活动进行协调时所使用的专用文书。经济应用文有着相对固定的格式,承担着对经济现状进行分析、对经济情报进行反映、对经济形势进行预测、对经济交往行为进行规范、对经济方案进行策划等任务,最终目是促进经济效益的提升。此外,经济应用文包含很多的种类,且有十分广泛的适用范围。

二、经济应用文的分类

经济应用文以其内容和作用为依据,可以细分为以下几类。

(一)传播推广类经济应用文

这一类经济应用文是借助于一定的传媒和渠道,向生产经营管理者、消费者等介绍经济发展动向、提供生产经营供需信息以及宣传商品等而形成的文书。借助于这一类经济应用文,生产经营管理者和消费者能够更有效地掌握市场生产与经营状况,以及商品的具体情况等。一般来说,商品广告、商品说明书和服务说明书等都属于传播推广类经济应用文的范畴。

(二)经营管理类经济应用文

这一类经济应用文是针对市场中的经营管理活动而形成的文书,能够对市场经营管理起到重要的指导与规范作用。市场经营管理所涉及的层面有很多,所涉及的环节也是多种多样的,这就决定了经营管理类经济应用文包含很多的文种。一般来说,市场预测报告、经营决策方案、合同、协议书、招投标书等都属于经营管理类经济应用文的范畴。

(三)评估检查类经济应用文

这一类经济应用文是针对经济活动的调控与管理而形成的文书,能够对市场经济活动进行调查与评估,并在此基础上形成更为科学的经济政策等。政府和经济主管部门承担着对社会经济活动进行宏观调控的重要任务,而政府和经济主管部门要想完成好这一任务,需要定期或不定期地对市场经济活动进行调查,并科学评估市场经营状况以及经营效果。在调查与评估之后,政府和经济主管部门还需要形成评估检查类经济应用文,以更好地调控与管理经济活动。一般来说,审计文书、税务文书、经济活动分析报告等都属于评估检查类经济应用文的范畴。

(四)涉外经济类经济应用文

在当前,经济全球化的进程不断深入,世界各国之间的经济合作与交流也日益频繁。在此形势下,涉外经济文书的使用频率越来越高,使用范围越来越广。一般来说,中外合资意向书、中外合资建议书、涉外仲裁申请书等都属于涉外经济类经济应用文的范畴。

第二节　经济应用文的特征与作用

一、经济应用文的特征

与其他文种的应用文相比,经济应用文具有以下几个鲜明的特征。

(一)经济性

经济应用文最为显著的一个特征便是经济性特征,其主要是通过三个方面体现出来的:一是经济应用文的写作,始终以获得经济效益或是促进经济效益的提高为出发点和归宿点;二是经济应用文能够直接为经济活动服务;三是经济应用文能够在一定程度上维护经济秩序。

(二)合法性

合法性也是经济应用文的一个重要特征,其主要是通过两个方面体现出来的:一方面,在写作经济应用文时,必须以党和国家的方针、政策为指导,确保文中所涉及的事项与党和国家在一定时期内的经济政策相符合;另一方面,在写作经济应用文时,必须尊重国家的相关法律与法规。

(三)时效性

经济应用文可以用来传递经济信息,而经济信息特别是市场信息总在不断发生变化。这就决定了在写作经济应用文时必须对不断变化的经济活动进行及时、准确地反映,同时要确保文中所涉及的事项能够得到及时处理。因此,时效性也是经济应用文的一个鲜明特征。

(四)数据性

在写作经济应用文时,通常会涉及很多的数据,因而数据性也是经济应用文的一个鲜明特征。此外,经济应用文中的数据既可以直接用于说明,也可以作为推论或预测的依据。此外,经济应用文向人们传递的经济信息,在很多情况下就是一组数据。因此,只有对数据进行准确运用,才能精确地描述经济现象,对经济活动进行正确的反映。

(五)专业性

要想写好经济应用文,必须要对经济工作有全面、深入的了解,对经济领域里某一部门的业务也要十分熟悉。这就决定了经济应用文中会涉及很多经济领域的专业术语和行话等,因而专业性也是经济应用文的一个重要特征。

(六)规范性

对于经济应用文来说,要想对经济信息进行及时准确地传递,对经济活动中的各种情况进行正确反映,继而获得相应的经济效益或是促进经济效益的提升,就需要在写作时遵循规范的格式。只有格式规范的经济应用文,才能形成明确的内容,并能够突出重点,方便人们检索信息。

二、经济应用文的作用

在经济活动中,经济应用文发挥着十分重要的作用。具体来看,经济应用文的作用主要有以下几个。

(一)信息传递作用

在当前的市场经济中,信息所发挥的作用是至关重要的。在某些情况下,信息甚至会对市场经济产生决定性影响。信息的传递需要借助于一定的载体,而经济应用文是经济领域传递信息最为有效的载体。只有占据大量且高质量的经济信息,才能做出最为科学的经济决策;只有占据全面、深刻的经济信息,才能在市场竞争中占据有利地位,战胜对手。因此,在写作经济应用文时必须要以大量且高质量的经济信息为基础,并要充分发挥其信息传递作用。

(二)沟通作用

在市场经济条件下,各经济部门之间不论是相互问询业务,还是协调彼此之间的关系,都需要借助于经济应用文来实现。从这一角度来说,经济应用文发挥着重要的沟通作用。在当前,经济应用文更是成为各经济部门以及经济领域中人们相互交往、沟通、协调、制约的重要手段和工具。

(三)凭证作用

经济应用文的凭证作用,主要体现在两个方面,具体如下。

第一,经济活动多且复杂,因而在经济交往中出现经济矛盾是不可避免的。比如,在经济领域经常会见到债务纠纷、合同违约、经济合作中权利和义务冲突等问题,而要想有效地解决这些问题,就需要求助经济仲裁机构和人民法院。而经济仲裁机构和人民法院在解决这些问题时,一个重要的依据便是双方往来的文书,即经济应用文。从这一角度来说,经济应用文发挥着凭证作用。

第二,经济应用文所承载的信息,有时会成为历史不断发展变迁的重要凭证。社会经济是不断发展的,而人们在社会经济的发展过程中会形成很多的经验,也会经历一些教训。借助于经济应用文总结这些经验和教训,并将其传递下去,对于人们日后更有效地开展经济活动具有积极的意义。

(四)管理作用

党和国家各级政府为了确保经济的健康有序发展,往往会运用经济杠杆来调节经济活动,对市场经济进行有效的管理。在这一过程中,党和国家各级政府需要向下级传达与经济活动、市场经济发展等相关的方针、政策与规范等,以保证市场活动的顺利开展,而经济应用文便是党和国家各级政府传达这些经济信息的重要载体。从这一角度来说,经济应用文发挥着市场管理作用。

第三节 经济应用文的写作技巧研究

一、经济应用文写作的总体要求

在写作经济应用文时,要保证其科学性、有效性和可行性,必须遵守严格的行文规则。具体来看,在写作经济应用文时必须遵守以下事项:

第一,在写作经济应用文时,必须要确保内容上与党和国家的方针政策等相符合,与国家法规、规定等的要求相一致。只有这样,才能保证

第三章　经济应用文写作实训研究

所写作的经济应用文具有正确的方向,并能够维护国家的公共利益。

第二,在写作经济应用文时,必须要与经济工作规律相符合。在对经济应用文的质量与效果进行衡量时,一个重要的标准便是其是否与经济工作的客观情况和规律相符合。因此,在写作经济应用文前需要对经济工作规律进行全面深入的了解与掌握。

第三,在写作经济应用文时,要有明确的目的。只有目的明确,知道需要解决的问题,才能确保所写经济应用文的针对性和有效性。

第四,在写作经济应用文时,必须要以客观、真实、全面的信息为基础。为此,在具体写作之前,写作者需要深入市场经济领域,切实掌握经济活动过程中的各种信息资料。只有这样,才能确保所写的经济应用文具有翔实的内容,充分发挥指导作用。

第五,在写作经济应用文时,若需引用数据,则必须保证数据的真实性和准确性。为此,要对需引入的数据进行反复核实,以便人们能够掌握准确的经济信息,有效地解决经济问题。

第六,在写作经济应用文时,要注意表达得体,表述条理、清晰。同时,经济应用文的语言要平易朴实、通俗易懂、简洁明了,不可出现"大约""大概"等模糊语言,也不能过分修饰语言,出现套话、空话、废话等。也就是说,经济应用文的语言必须要严谨。

第七,在写作经济应用文时,要尽可能遵守其标准格式等。若是没有标准格式,则按照约定俗成的格式来写即可。

二、不同文种经济应用文的写作技巧

经济应用文包含的文种有很多,这里着重介绍几种常用文种的写作技巧。

(一)意向书的写作技巧

1. 意向书的基本认知

意向书是当事人双方或多方之间,在对某项事务正式签订条约、达成协议之前,表达初步设想的意向性文书。[①] 意向书表明了当事人的合

[①] 黄文杰.应用文写作教程[M].北京:中国传媒大学出版社,2014:105.

作意向,因而是一种表明意向的经济应用文。

(1) 意向书的特点

意向书的特点,具体来说有以下几个。

① 政策性

意向书的政策性特点主要是通过两个方面体现出来的:一方面,意向书中的内容必须与我国的经济政策相一致;另一方面,意向书中的承诺,必须在双方可以承诺的范围之内,且不能随意向对方承诺上级部门才能决定的事项。

② 轮廓性

意向书仅仅是表明了当事人具有合作的意向,对于合作的具体内容以及合作的方式等则不会进行详细阐述。从这一角度来说,轮廓性是意向书的一个鲜明特点。

③ 灵活性

在意向书中,所涉及的条款并没有写得很死,这对于日后进行实质性谈判具有积极的意义。此外,意向书的条款可多可少,并没有严格的规定。从这一角度来说,意向书具有灵活性特点。

(2) 意向书的种类

意向书依据不同的标准可以分为不同的类型,下面介绍几种常见的分类方式。

第一,以合作双方的地域范围为依据,可以将意向书分为企业之间的事务合作意向书、区域之间的事务合作意向书、省市之间的事务合作意向书、国家间的事务合作意向书等。

第二,以签署的形式为依据,可以将意向书分为两类:一类是单签式意向书,即意向书由出具方进行签署,一式两份,然后合作方在副本上签章后交还对方;另一类是双签式意向书,即意向书由双方代表人共同签署,然后各执一份为凭。

第三,以合作的内容为依据,可以将意向书分为经济技术协作合作意向书、科学文化交流合作意向书、产品购销合作意向书等。

2. 意向书的具体写作技巧

(1) 意向书的写作格式

意向书通常由以下三个部分构成。

①标题

在写作意向书时,标题是必须要有的。一般来说,意向书的写法有以下几种。

第一,事由+文种,如"关于合作经营××工厂的意向书"。

第二,合作单位+合作项目+文种,如"上海市××公司、美国××公司合作经营塑料品意向书"。

第三,合作项目+文种,如"××原料合资生产意向书"。

第四,只标出文种"意向书"。

②正文

意向书的核心部分是意向书的正文,通常由以下几部分组成。

第一,开头。在这一部分,需要写明当事人的具体情况,包括合作各方当事人的全称、地址、法定代表人姓名等。同时,在这一部分要有"经协商,达成如下意向"的习惯用语承启下文。

第二,主体。在这一部分,需要将双方的合作意图以及初步达成的意向性意见分条列出来。另外,这一部分可以对意向的实现条件、可行性以及进一步商谈的时间、内容等进行说明。

第三,结尾。在这一部分,要写明"未尽事宜,在签订正式合同(协议)时再予以补充"一语,以便给当事人留有更多协商的余地。

③落款与成文日期

落款是署上意向双方单位的全称、法定代表人姓名,加盖公章、私章或签字。另外,在落款的下方要标上意向书的成文日期,而且年、月、日需要标全。

(2)意向书的写作注意事项

在写作意向书时,除了要遵守上面的写作格式,还要特别注意以下几个方面。

第一,在写作意向书时,要确保内容明确、条款具体,以确保当事人都能准确理解和执行意向书的内容。

第二,在写作意向书时,要注意准确用词,禁止使用含糊不清、模棱两可的词句。

第三,在写作意向书时,要注意行文的逻辑性与严密性。

（二）协议书的写作技巧

1. 协议书的基本认知

协议书是双方当事人就有关经济问题或其他事务的某些问题的要点、原则经协商达成的意见而签订的一种契约性文书。协议书能够对已签订的合同起补充作用，而且需要在自愿、平等、协商的基础上来签订。

（1）协议书的特点

协议书的特点，具体来说有以下几个。

①广泛性

协议书的广泛性是针对其适用范围而言的，不论是经济生活方面的问题，还是文化、技术、教育、科技等方面内容，都可以通过协议书进行阐明。

②概括性

协议书的内容往往是纲要性的，不会一一写明具体条款，只对某些问题或事项做出原则性的、概括性的规定。因此，概括性是协议书的一个重要特点。

③多样性

协议书的多样性特点是针对其功能而言的，其既能够作为表明经济关系的一种重要凭证，也能够作为已签订合同的一个重要补充，还可以直接充当合同（前提是协议书中已形成了完美的权利义务关系）。

④长期限性

一般来说，协议书有着较长的有效期限，有一些协议书甚至是长期有效，如"收养协议书"。因此，长期限性也是协议书的一个鲜明特点。

（2）协议书的种类

协议书依据不同的标准可以分为不同的类型，下面介绍几种常见的分类方式。

第一，以协议书的时间为依据，可以将其分为临时协议书、短期协议书、中期协议书和长期协议书。

第二，以协议书的内容为依据，可以将其分为承包工程协议书、联营协议书、购销协议书、赔偿协议书、委托协议书等。

第三，以协议书的作用为依据，可以将其分为三类：一是意向式协议书，即在合同签订之前所制定的协议书，可以作为正式合同的依据和参

第三章 经济应用文写作实训研究

考;二是合同式协议书,即合同;三是补充修订式协议书,即在合同签订之后所制定的协议书,用来对正式合同进行补充或是修订。

2. 协议书的具体写作技巧

(1)协议书的写作格式

协议书通常由以下四个部分构成。

①标题

在写作协议书时,标题是必须要有的,而且要写在协议书的上方。一般来说,报告标题的写法有以下两种。

第一,事由+文种,如"赔偿协议书"。

第二,只标示文种名称。

②首部

在这一部分,需要写明协议订立双方的单位名称(注意要写全称)或个人姓名,并要注明甲方和乙方,以便正文的写作更为简便。在某些情况下,首部的内容也可以放在正文中,与正文的第一部分内容相融合。

③正文

协议书的正文是协议书的主体,一般由以下几部分构成。

第一,开头。在这一部分,需要对协议书的订立根据、订立缘由以及订立目的等进行说明,并要有"为了……,双方经过友好协商,达成如下协议"的习惯用语承启下文。

第二,主体。在这一部分,要详细说明双方约定的内容,包括双方协商议定的事项、双方应承担的义务和应享受的权利、双方应当共同做的事项以及需要做到的程度,事项的完成要求与完成时间、事项完成后的报酬、事项无法按时完成的责任等。而为了确保这一部分内容的简洁性和明了性,可以采用条款的形式进行写作。

第三,结尾。在这一部分,要简洁地写明合同的其他事项,包括协议书的份数、执存者及份数、有效期等。

④落款与时间

落款是协议订立双方的单位全称,并加盖公章。协议书的订立时间要注意年、月、日标全。

(2)协议书的写作注意事项

在写作协议书时,除了要遵守上面的写作格式,还要特别注意以下几个方面。

第一,要确保协议书的内容与国家的法律法规、方针政策等相符合,否则协议书会被判定无效。

第二,协议书必须要有完整的结构,同时要确保内容具体、条款明晰。

第三,在写作协议书时,要注意语言明确、措辞准确,不能使用语义含糊以及有歧义的词语。同时,要正确使用标点符号。

第四,协议书要尽可能简约,一目了然,以便于人们记忆和执行。

(三)合同的写作技巧

1. 合同的基本认知

合同是平等主体的自然人、法人、其他组织之间关于建立、变更、消灭民事法律关系的协议。[①] 合同的出现,源于商品生产的发展以及交换的产生。也就是说,借助于合同,可以保证商品生产和交换有规则地进行,也能够对商品生产者、经销者的合法权益进行有效维护。

(1)合同的特点

合同的特点,具体来说有以下几个。

①合法性

对于合同来说,其最基本的一个特点便是合法性。不论是合同的订立还是合同的履行,都是以遵守党和国家的政策方针、法律法规等为前提的,而且合同中所规定的行为都是合法的。一旦合同的履行出现,可以通过合法的途径进行解决。这些都是合同合法性特点的重要表现。

②平等性

合同的平等性特点,主要是通过以下几个方面体现出来的:一是合同订立双方具有平等的法律地位,而且双方的合作是以平等互利为前提的;二是合同的签订必须在双方当事人平等协商的基础上进行,任何一方不得把自己的意志强加给另一方;三是合同的履行过程中,若是出现了问题,需要双方尽可能在自愿、公平协商的基础上进行解决。

③规范性

规范性也是合同的一个重要特点,而且这一特点主要是通过两个方面体现出来的:一方面,合同的形式是规范的,其内容构成以及内容排列

---

① 张玉雁,徐鹏.应用文写作[M].沈阳:辽宁大学出版社,2017:247.

的顺序都有一定的要求；另一方面，合同的语言需要采用规范的表述方式，而且语言必须要准确、严密，不可模棱两可、含糊不清。

④强制性

合同在依法成立后，就具有了法律约束力。双方当事人要按照约定来行使权利、履行义务，不可以擅自对合同进行变更或解除。若是违反了合同规定，必须要承担一定的法律后果。

⑤诚信性

合同的诚信性特点主要表现在两个方面：一是双方在订立合同时必须要真诚坦白、实事求是；二是双方在履行合同时要讲求信誉、恪守信用，不可以违背约定，也并不能故意对真相进行隐瞒。

（2）合同的种类

合同依据不同的标准可以分为不同的类型，下面介绍几种常见的分类方式。

第一，以合同的时间为依据，可以将其分为以下三类，即短期合同、中期合同和长期合同。

第二，以合同的表达形式为依据，可以将其分为两类：一类是书面形式合同，如合同书、传真等；另一类是口头形式合同。

第三，以业务性质和内容为依据，可以将合同分为买卖合同、供用电（水、气、热力）合同、赠予合同、租赁合同、借款合同、建设工程合同、技术合同、委托合同、保管合同等。

2.合同的具体写作技巧

（1）合同的写作格式

合同通常由以下几部分构成。

①标题

在写作合同时，标题是必须要有的，而且要写在合同的首行正中位置。一般来说，合同标题的写法有以下几种。

第一，合同标的种类＋合同性质＋文种，如"农副产品买卖合同"。

第二，合同性质＋文种，如"借款合同"。

第三，合同有效期＋合同标的种类，如"2022年运输合同"。

第四，单位名称＋合同标的种类，如"××市××公司、××市××厂买卖合同"。

②约首

在合同的约首部分,需要写明合同当事人的名称(要注意用全称,并要注明是甲方还是乙方)、合同编号、签订时间与地点等。

③正文

合同的正文是合同的主体,一般由以下几部分构成。

第一,开头。在这一部分,需要对合同的订立依据、合同的订立目的、合同的订立过程和订立结果等进行简要说明。有些合同是章条式排列的,此时可以不写开头。

第二,主体。在这一部分,要准确地写明合同双方当事人所签订的具体条款,包括标的、数量、质量、价款、履行期限、履行方式、违约责任和争议解决方式等。这一部分的内容影响着合同的合法性和有效性,也是双方履行合同、承担法律责任的重要依据。另外,在写这一部分的内容时,需要根据具体内容来决定是采用条款式表述方式还是采用表格式表述方式。

第三,结尾。在这一部分,需要写明合同的生效时间、合同的文字形式及份数、合同的签订时间和地点、合同的有效期限,以及合同的补充办法等。其中,合同的补充办法应以附件的形式保存,而且其与合同正文具有同等法律的效力。

④落款

在这一部分,需要列明双方当事人的法定名称和地址、法定代表人、委托代理人、电话、传真、开户银行和账号、邮政编码等。双方商定需要公证,则要列明公证机关意见、经办人姓名、公证机关印章和公证日期。另外,这一部分要注意加盖公章。

(2)合同的写作注意事项

在写作合同时,除了要遵守上面的写作格式,还要特别注意以下几个方面。

第一,在写作合同时,必须要保证合同的合法性。否则,不仅合同无效,合同双方当事人还可能要承担一定的法律责任。

第二,在写作合同时,必须要保证合同内容的完整性,而且要将合同内容条理清晰地表述出来,并要保证各项具体条款的准确性和明确性。

第三,在写作合同时,必须选择恰当的写法。合同的写法主要有三种:一是文字条款式写法,即用文字将合同的内容逐条进行说明,而且文字依据实际需要可详可略;二是表格式写法,即用表格来表述合同的内容,这种合同写法不仅能节约时间,而且不容易产生疏偏;三是文字条款加表格式写法,即将上面两种合同写法组合在一起,文字部分来说明合同的订立依据和目的等,表格部分则用来展示合同的具体内容。

第四,在写作合同时,必须要使用严密、简练的语言,不能使用任何有歧义或语义含糊的词语或句子。同时,有关单位、标的、货币的名称要写全称,表示价款或报酬的数字要大写,标点符号要正确。只有这样,合同的表述才能更为准确。

3.涉外经济合同的写作技巧

(1)涉外经济合同的基本认知

涉外经济合同是中华人民共和国的企业或者其他经济组织同外国的企业和其他经济组织或者个人之间订立的经济合同。涉外经济合同有利于增强我国的综合国力,也能够促进商品生产的专业化和大合作,还能够不断提高企业的经济管理水平。

①涉外经济合同的特点

涉外经济合同的特点,具体来说有以下几个。

第一,工具性。涉外经济合同广泛应用于涉外经济贸易往来,除遵循国际惯例外,还要遵循当事人拟定的合同,其工具作用尤为突出。

第二,凭证性。涉外经济贸易活动要依照法律法规办事。国际经济贸易往来中发生的各种争端,均要依照合同的条款和事先确定的原则,采用恰当的方式解决。解决过程中的协商、调解、仲裁都必须依据合同条款内容进行,它是处理纠纷的最重要的客观依据。

第三,长效性。涉外经济合同所涉及的标的物的时限都比较长,如合资合作贸易、经销、转让经营等合作的时间一般是10年左右,有的长达30~50年。

②涉外经济合同的种类

涉外经济合同依据不同的标准可以分为不同的类型,下面介绍几种常见的分类方式。

第一,以内容和性质为依据,可以将涉外经济合同分为涉外合资合作经营合同、涉外商品贸易合同、国际贸易代理合同、国际劳务合同、涉外技术转让合同、涉外承包工程合同、国际补偿贸易合同、国际租赁合同、涉外货物运输合同、涉外仓储保管合同、涉外财产保险合同等。

第二,以写作形式为依据,可以将涉外经济合同分为条款式涉外经济合同和表格式涉外经济合同两类。

第三,以签署方式为依据,可以将涉外经济合同分为指定签署合同、直接签署合同和会议签署合同三类。

第四,以是否交付标的物为依据,可以将涉外经济合同分为不必交付标的物的承诺合同和须交付标的物的合同两类。

(2)涉外经济合同的具体写作技巧

涉外经济合同有很多,这里以中外合资合营企业合同为例,对涉外经济合同的写作技巧进行详细阐述。中外合资合营企业合同,就是中外合作各方为设立合营企业,就相互权利义务等达成一致意见而签署的信用文件。

①涉外经济合同的写作格式

涉外经济合同通常由以下几部分构成。

第一,标题。中外合资合营企业合同的标题一般写在合同开头一二行居中,要写明合同的性质,如"中外合资经营××有限公司合同"。

第二,正文。这一部分需要分章列条依次来写。一般来说,第一章为总则,写明合同当事人双方(或多方)单位全称,签约地点,中外合资合作经营企业的名称、性质等。第二章为合营各方,要写清楚合营各方的法定地址以及法定代表人的姓名、职务、国籍等。第三章为合营企业的建立。第四章为合营企业宗旨、生产目的、经营范围及规模。从第三章起,分章列条叙写当事人协商一致意见的具体内容,包含合营企业的建立、生产经营目的、范围及规模、投资总额与注册资本、合营多方责任、技术转让、产品销售、董事会、经营管理机构、设备购买、筹备与建设、劳动管理、税务、财会、审计、合营期限、合营期满财产处理、保险、合同修改、变更及解除、违约责任、不可抗力、适用法律、争议的解决、文字书写形式、合同生效及其他。

第三,签署。在这一部分,需要当事人各方代表签字盖章。如有必要,合营各方同意,可以请公证机关代表签章。

第四,附件。根据情况,可有可无。如有附件,可放于签署之后。

②涉外经济合同的写作注意事项

在写作涉外经济合同时,除了要遵守上面的写作格式,还要特别注意以下几个方面。

第一,在写作涉外经济合同时,要确保其合乎中国法律和国际惯例。

第二,在写作涉外经济合同时,要确保其能够与我国的经济发展要求相符合。

第三,在写作涉外经济合同时,要确保其能够保障我国的主权及社会公共利益。

第四,在写作涉外经济合同时,要确保在协商一致、平等一致的基础上进行。

第五,在写作涉外经济合同时,要充分明确下列内容:合营各方名称、注册国家、法定地址、法定代表姓名及职务、国籍;合营企业名称、法定地址、宗旨、经营范围及规模;合营企业投资总额、注册资本;合营各方出资额、出资比例、出资方式、出资的缴付期限以及出资欠缴、转让的规定;合营各方利润分配及亏损部分比例;合营企业董事会的组成、董事名额的分配比例以及总经理、副总经理及其他高级管理人员的职责、权限和聘用办法;采用什么主要设备、生产技术及其来源;原材料的购买及产品销售办法,产品在中国境内外销售的比例;外汇资金收支的安排;财务、会计、审计的处理原则;劳动管理、工资、福利、劳动保险等事项的规定;合营企业期限、解散及清算程序;违反合同的责任;解决合营各方之间争议的方式及程序;合同文本采用的文字及合同生效的条件;合营企业合同附件。

(四)广告的写作技巧

1. 广告的基本认知

广告有广义与狭义之分。狭义的广告指的是经济广告,即以盈利为目的的广告,其是商品生产者、经营者和消费者之间沟通信息的重要手段,也是企业占领市场、推销产品、提供劳务的重要形式。广义的广告除了包括经济广告,还包括非经济广告,即不以盈利为目的的广告,如社会事业单位的启事等。这里的广告指的是狭义的广告。

(1)广告的特点

广告的特点,具体来说有以下几个。

①真实性

广告要发挥出其效用,一个重要的前提是获得受众的信任。为此,广告的内容必须是真实的。若是广告中存在弄虚作假的情况,受众必然会对广告产生怀疑,继而对广告的对象产生不信任感。如此一来,广告就成了毫无意义的行为。因此,广告必须是真实的。

②创意性

广告的模式和形式都是多种多样的,而且在当前的社会条件下,广告要想吸引受众的目光,获得受众的信赖,唤起受众的潜在消费需求,本身应有出彩的创意。因此,创意性也是广告的一个重要特点。

③艺术性

广告是一门综合艺术,广告往往把独特新颖的创意转化成优美的文字、动人的画面、唯美的意境、美妙的音乐等多种艺术表达形式,从而产生强烈的艺术魅力,使人们在感知各种信息的同时也获得美的享受。广告因此被人们称为人类文明的"第八艺术"。国际广告协会衡量优秀广告的五个条件是指:给消费者以愉快的感觉,具有首创、革新、改进的精神,揭示信息的个性,能为消费者解决问题,有明确的承诺,有潜在的推销能力。这些条件几乎都与广告的艺术性有关。因此,艺术性是广告的一个鲜明特点。

④功利性

对于任何一个商家来说,其做广告绝不仅仅是为了创作一个艺术作品,即使有些广告内容完全是公益性质的,但也会让人知道做广告的人是谁。对于商家而言,做广告的最终目的是提高知名度,沟通产销渠道,促进商品销售。产销信息的双向流动,广告起到了"红娘"的作用。因此,众多广告的目的地实际上只有一个,即获得利益。因此,广告具有功利性特点。

⑤时效性

伴随着市场经济的不断发展以及市场竞争的日趋激烈,产品的更新换代不断加快。面对这一现实,广告要想充分发挥自身的作用,也必须随时进行更新,以免受众因广告一成不变而产生审美疲劳。从这一角度来说,广告具有时效性特点。

(2)广告的种类

广告依据不同的标准可以分为不同的类型,下面介绍几种常见的分类方式。

第一,以广告的目的为依据,可以将其分为产品广告、企业广告、品牌广告、观念广告等。

第二,以广告的传播对象为依据,可以将其分为消费者广告、企业广告等。

第三,以广告的传播媒介为依据,可以将其分为报纸广告、杂志广告、广播广告、电视广告、互联网广告等。

第四,以广告的传播范围为依据,可以将其分为区域性广告、地方性广告、全国性广告、国际性广告等。

2. 广告的具体写作技巧

(1)广告的写作格式

广告通常由以下四个部分构成。

①标题

在写作广告时,标题是必须要有的,而且要放在广告之首,以提示广告主题,引起消费者的兴趣。一般来说,广告标题的写法有以下几种:

第一,陈述式标题,即用简明的语言直接表明广告内容。这可以说是一种开门见山式的标题写法,能够让消费者更准确地抓住广告推销的东西以及其能够给自身带来的利益。比如,"好空调,格力造"。

第二,允诺式标题,即通过向消费者提供某种利益允诺来吸引消费者的关注。比如,"您只要按下快门,剩下的事情由我们来做——柯达傻瓜相机"。

第三,故事式标题,即设计一个故事性强的标题,以吸引受众阅读正文。

第四,悬念式标题,即在标题中设置一个悬念,以使人们获得意料之外的收获。

第五,祈使式标题,即标题采用建议或劝导的口吻和语气,这有助于消费者更容易地接受广告内容。

此外,在写作广告的标题时,要尽可能做到在标题中引入新信息,以引起人们的高度关注;结合主体来确定标题,以便产品的个性能够得以突出;要长度适中,过长或过短都不利于人们准确把握广告的主体;要慎用否定词,以免人们把否定词的内容与产品的信息混淆。

②正文

广告的主体是广告的正文,通常由以下几部分组成。

第一,开头。在这一部分,要用简洁的语句迅速点明标题的原意并引出下文。

第二,主体。在这一部分,要阐述广告主题或提供论据,并要围绕消费者的购买理由展开诉求,并注意将产品的优越性和可靠性凸显出来,以引起消费者的购买欲望。

第三,结尾。在这一部分,要用最恰当的语言敦促消费者来购买广告产品。

在写作广告的正文部分时,要做到重点突出,并尽可能不用最高级的形容词、一般化字眼和陈词滥调。

③广告口号

广告口号是以最精练的语句再次点明商品独具的特点或企业的服务特点,促发人们采取购买或接受行为。好的广告口号让受众过目难忘,有利于广告的整体推广。

在写作这一部分时,要注意其能够朗朗上口、简单易记,新颖独特、个性鲜明,说服性大、号召力强等。比如,"挡不住的感觉(可口可乐广告口号)"。

④广告随文

随文是广告的必要说明,如厂(公司)名、地址、法人代表、邮编、电话、电报挂号、传真、商标、牌名、价格、购买手续、银行账号、经销部门等,对客商、消费者起联系合作和购买指南的作用。在写作这一部分时,要注意有选择性地陈述有关信息,以突出关键性的条文。

(2)广告的写作注意事项

在写作广告时,除了要遵守上面的写作格式,还要特别注意以下几个方面。

第一,在写作广告时,要真诚实在,以便能够感动受众。只有对产品、服务进行实事求是地介绍,才能赢得受众的信任。

第二,在写作广告时,要有明确的目标受众,并以此为依据再设计广告标题、广告口号等。

第三,在写作广告时,要尽可能有独创性,以吸引更多人的眼球。

第四,在写作广告时,要注意使用生动形象、通俗易懂的语言。另外,写作广告时尽可能使用短句而不用长句,以便于人们更容易地掌握广告内容。

第五,在写作广告时,要考虑到其可能产生的社会效益,因而切不可将一些低俗、不健康的东西呈现在受众面前。

第三章　经济应用文写作实训研究

（五）经济活动分析报告的写作技巧

1. 经济活动分析报告的基本认知

经济活动分析报告是以科学的经济理论和国家现行的经济政策为指导，以计划指标为出发点，以各种经济核算资料及调查研究获取的材料为依据，运用一定的分析方法，对某一部门或单位一定时期内的经济活动状况进行分析研究、探讨原因、寻求改进方法而形成的经济应用文。借助于经济活动分析报告，可以对过往的业绩进行评价与分析，继而总结经验、吸取教训，为下一步更有效地开展经济活动奠定基础；可以对本部门、本单位的财务状况进行科学衡量，为下一步经营决策等的制定提供重要依据；可以根据当前的经济活动现状对未来的市场经济决策进行预测；可以揭示分析对象的市场规律和特征，为科学决策提供依据等。

（1）经济活动分析报告的特点

经济活动分析报告的特点，具体来说有以下几个。

①分析性

经济活动分析报告会涉及很多的数据和文字，而且数据和文字都是为了对问题进行说明。此外，经济活动分析报告会对数据进行多维度的分析，以探究经济活动之间是否存在一定的关系，并综合反映一个时期以来的经济、金融形势以及经营活动情况。

②说明性

经济活动分析报告的内容主要从具体的指标、数据入手，注重从其相互的关联中，进行分析和对比，从而得出结论。为此，需要在经济活动分析报告中详细说明所涉及的经济现象、特征、指标、数据等，并在此基础上对经济活动的变化规律进行揭示。

③目的性

经济活动分析报告的写作，主要是为了明确经济活动的优势以及存在的问题等，并进一步探究提高经济效益的最佳途径，确保经济活动有正确的发展方向。因此，目的性也是经济活动分析报告的特点之一。

④灵活性

经济活动分析报告既可以定期写作，也可以不定期写作；既可以针对某一特定的经济活动进行写作，也可以对经济活动进行综合性分析。因此，灵活性也是经济活动分析报告的一个鲜明特点。

（2）经济活动分析报告的种类

经济活动分析报告依据不同的标准可以分为不同的类型，下面介绍几种常见的分类方式。

①以分析的目的和内容为依据进行分类

以分析的目的和内容为依据，可以将经济活动分析报告细分为以下两类。

第一，专题分析报告，即针对某一重要问题或某一关键经济指标进行重点分析、专门分析以后形成的书面报告。一般来说，专题分析报告是不定期写作的，而且报告中需要详细指出问题并进一步指出应采取的新措施等。

第二，综合分析报告，即在整体分析某一部门或单位在一定时期内的经济活动后所形成的书面报告。一般来说，综合分析报告是需要定期写作的，对于全面了解和掌握部门或单位的经营管理状况具有积极意义。

②以分析的形式为依据进行分类

以分析的形式为依据，可以将经济活动分析报告细分为以下两类。

第一，文字分析报告，即借助于文字和数字的结合来对分析的过程进行表达，对分析的结果进行表述所形成的书面报告。一般来说，在向上级汇报经济活动情况或是对重要的经济活动进行专题分析时，需要采用文字分析报告的形式。

第二，表格分析报告，即借助于表格对分析结果进行展示所形成的书面报告。一般来说，一些需要定期上报的经济活动情况，可以采用表格分析报告的形式。

③以分析的时间为依据进行分类

以分析的时间为依据，可以将经济活动分析报告细分为以下几类。

第一，事前分析报告，即通过预测全年应完成的各种计划及其完成情况所形成的报告。这一类经济活动分析报告要求写作者要依据实际情况对计划进行预测，并要充分考虑到可能对计划产生影响的各种因素，以便最大程度确保预测的准确性。此外，在这一类经济活动分析报告中，写作者要提前预测计划完成过程中可能出现的问题或不利状况，并提出有针对性的改进措施。

第二，事中分析报告，即分析研究计划的执行情况所形成的报告。这一类经济活动分析报告有助于及时掌握经济活动的变化和进展情况，继而总结经验、吸取教训,确保后续计划的顺利实施与实现。

第三,事后分析报告,即在一个年度结束或一个计划完成后所形成的分析报告。这一类经济活动分析报告对于及时掌握年度经济活动状况以及计划的完成效果等具有积极意义。

④以分析的范围为依据进行分类

以分析的范围为依据,可以将经济活动分析报告细分为以下几类。

第一,宏观分析报告,即通过对国内外的经济形势、经济大环境进行分析所形成的报告。

第二,中观分析报告,即通过分析某一地区或某一行业的经济运行情况所形成的报告。

第三,微观分析报告,即通过分析某一现象所形成的报告。

2.经济活动分析报告的具体写作技巧

(1)经济活动分析报告的写作格式

经济活动分析报告通常由以下三个部分构成。

①标题

在写作经济活动分析报告时,标题是必须要有的,而且标题必须与经济活动分析报告的主题密切相关,能够对经济活动分析报告的主题思想进行高度概括,并确保题文相符。一般来说,经济活动分析报告标题的写法有以下三种。

第一,公文式标题,由单位名称+时间+事由+文种,如"×××公司2021年财务状况分析报告"。在某些情况下,可以省略单位名称,如"2021年商品销售情况的报告"。

第二,主题式标题,即以提出的意见、建议作标题,概括分析报告所揭示的主要问题、中心内容,如"节约成本是改善经济的主要途径"。

第三,双标题式,如"××年国民经济发展回顾与展望——国家统计局××年第×号统计报告"。

②正文

经济活动分析报告的主体是经济活动分析报告的正文,经济活动分析报告的具体文种不同,其正文的内容也会有所差异。但总体而言,经济活动分析报告的正文是由以下几部分组成的。

第一,经济活动分析报告的开头。经济活动分析报告的开头一般要对分析对象的基本情况进行说明,包括分析的背景、范围、时间、过程和结论等。在写作这一部分时,以陈述式写作方式最为常用。当然,也可以采用结论式、对比式、提问式和评论式的写作方式来写这一部分。

第二,经济活动分析报告的主体。这一部分是整个分析报告的核心,需要阐明分析对象的过程与结果,还需要回答"怎么样"和"为什么这样"的问题。此外,在这一部分要注意列举具体资料,还要借助于恰当的分析方法对材料进行分析论证,以确保分析结论有理有据。

第三,经济活动分析报告的结尾。在经济活动分析报告中,结尾这一部分是可有可无的。如果需要写结尾,就需要以分析结果为依据,回答"怎么办"的问题。另外,结尾的写作要注意观点正确,态度鲜明,意见切中时弊,建议和措施切实可行。

③落款与成文日期

落款是指经济活动分析报告的写作单位和个人名称。经济活动分析报告成文时间标署在落款之下,也可以写在标题之下,而且年、月、日需要标全。

(2)经济活动分析报告的写作注意事项

在写作经济活动分析报告时,除了要遵守上面的写作格式,还要特别注意以下几个方面。

第一,在写作经济活动分析报告时,要注意全面系统地收集相关资料,确保分析的过程和结论都有明确的数据资料做支持。另外,在收集经济活动分析报告的写作资料时,可从理论资料(如党和国家机关的有关方针、政策)和事实资料(如会计核算资料)两方面着手。在收集了相关资料后,还需要对资料进行分析与鉴别,选取真实、可信、恰当且典型的材料写入分析报告之中。否则,最终所得出的分析结论很可能是不正确的。

第二,在写作经济活动分析报告时,要切实明确分析对象,知道要分析什么,怎样进行分析。在此基础上,才能更好地把握分析主题,在错综复杂的经济现象中抓住主要问题,使分析的结果能够正确地说明问题、有效地解决问题。

第三,在写作经济活动分析报告时,要注意突出主题。主题要贯穿全文,而且是整个分析的中心。同时,在一篇经济活动分析报告中,主题只能有一个。

第四,在写作经济活动分析报告时,要确保语言简练,能够用少而精的文字阐明分析对象、表达分析结论。另外,在保证语言简练的同时,要注意语言的通俗易懂性,避免说官话、大话、废话等。

第五,在写作经济活动分析报告时,要有清晰的结构,做到逻辑合理、条理分明。

(六)市场调查报告的写作技巧

1. 市场调查报告的基本认知

在市场经济的条件下,市场调查报告对企业的发展、经济的繁荣起着十分重要的作用。市场调查报告就是运用科学的方法,有目的、有计划,系统地收集整理市场营销方面的情况,研究分析供求规律及影响其发展变化的诸多因素,并得出结论的书面报告。市场调查报告属于调查报告的一种,但其与一般调查报告又有所区别,其是用来反映市场信息的,是对市场产品供求现状、购买趋势、购买力及购买对象等情况进行调查后用书面形式做出的客观真实、全面集中的反映。

(1)市场调查报告的特点

市场调查报告的特点,具体来说有以下几个。

第一,真实性。市场调查必须真实,否则企业从中获取了虚假信息就会做出错误的决策,造成经济损失,甚至在竞争中被淘汰出局。

第二,及时性。企业在生产经营中必须及时地掌握技术经济情报,了解市场价格、供需情况,了解同类产品的竞争力,不失时机地调整生产和经营策略,才能使自己在竞争中立于不败之地。而要做到这些,就必须依靠对市场有迅捷反映的调查报告。如果市场调查不迅速及时,就会失去其价值。

第三,规律性。市场调查报告是用以帮助企业掌握市场的当前状况和未来发展趋势,从而抓住商机,增强竞争力的。因此,在行文时不仅要真实准确地反映调查得来的第一手材料,还应探寻其规律,为企业提供决策依据,为企业找出问题。

第四,新颖性。市场调查必须新颖,包括内容新,即要能够反映市场经济活动中的新问题、新动向、新事物;方法新,即观察分析的角度要新,解决问题的办法要新。

(2)市场调查报告的种类

市场调查报告依据不同的标准可以分为不同的类型,下面介绍两种常见的分类方式。

第一,以范围为依据,可以将市场调查报告细分为综合市场调查报告和专题市场调查报告两类。

第二,以内容为依据,可以将市场调查报告细分为市场需求调查,对消费者人口状况进行研究,对消费者消费动机、消费模式进行了解,对消费者的购买力进行掌握,这是市场经济条件下企业要生存发展必须做的工作,对市场需求的调查能够帮助企业更好地为消费者服务,并发现和抓住新的商机;市场供给调查,企业在生产过程中除了要掌握市场需求情况,还必须了解整个市场货源状况,对货源总量、构成、质量、价格和供应时间等一系列情况进行的调查就是市场供给调查,其可以帮助企业及时生产和组织适销对路的商品,避免造成产品的积压或脱销;市场营销活动调查,市场营销活动是围绕商品、定价、分销渠道以及促销等营销组合展开的,因此市场营销活动调查包括对竞争对手状况、商品实体、价格、销售渠道、市场产品生命周期和广告情况等的调查。企业只有准确、及时、全面地了解营销活动的情况,才能提高自己的竞争力;社会环境调查报告,社会环境与企业的生存发展有着千丝万缕的联系,企业的生产经营活动必须与政治、法律、经济、科技、社会文化、地理气候等社会环境相互协调和适应,对社会环境进行调查可以帮助企业制订出与之适应的切实可行的经营决策。

2. 市场调查报告的具体写作技巧

(1)市场调查报告的写作格式

市场调查报告通常包括以下三个方面的内容。

①标题

市场调查报告的标题要鲜明、醒目,能够揭示调查的中心内容。一般来说,市场调查报告标题的写法有以下几种形式。

第一,公文式标题,即调查对象+内容+文种,如"关于增值税发票使用情况的调查"。

第二,论文式标题,其类似一般文章的标题,直接说明调查对象、内容或揭示文种的中心,如"决策决定着企业命运"。

第三,双标题,即由正副标题组成,正标题揭示主题,副标题加以补充,如"稳定农村基本政策是群众愿望——苏皖部分地区农村调查报告"。

②正文

市场调查报告的正文,应包括以下几个部分。

第一,开头。在这一部分,要交代清楚调查目的、时间、地点、调查对象和范围、调查方法和步骤、调查概况或结论等。上述内容可根据情况有所取舍,不必面面俱到,但应紧扣中心,简明扼要。

第二,主体。市场调查报告的主体一般由基本概况、科学分析组成。其中,基本概况部分用于客观真实地介绍市场覆盖面、消费增长率、物价变化指数等情况;科学分析部分是对调查获得的材料进行原因分析、利弊分析及预测性分析,找出市场的特点、变化规律或存在的问题。

第三,结尾。结尾的作用是收束全文,并与前言相呼应。结尾部分可以归纳全文,强调报告的主要观点;或是提出建议,以引起注意;还可以展望前景,激励奋进。当然,结尾的写法多种多样,有的也可以不写结尾,正文完就自然结束。

③落款

在正文右下角,作者署名,并要标注写作时间。

(2)市场调查报告的写作注意事项

在写作市场调查报告时,除了要遵守上面的写作格式,还要特别注意以下几个方面。

第一,在写作市场调查报告时,必须实事求是,即必须深入细致地做好调查工作,采用各种调查方法掌握具体真实的情况,并在报告中实事求是地反映出来。事实要确凿,数字要精确。

第二,在写作市场调查报告时,要突出重点,详略得当。市场调查报告重在反映市场实际情况并对此做科学分析,写作时应突出重点,分清主次,对掌握的材料做恰当的剪裁取舍。

第三,在写作市场调查报告时,要重视进行建议预测,而且这一部分的写作应具体精要,有前瞻性。

第四,在写作市场调查报告时,要讲求实效。迅速及时地反映市场情况的变化是市场调查报告的特点之一,也是其价值的真正体现。失去了实效性,也就失去了市场调查报告应有的作用。因此,写作市场调查报告一定要讲求实效。

(七)市场预测报告的写作技巧

1. 市场预测报告的基本认知

市场预测报告是在经济理论指导下通过市场调查掌握相关市场信

息和资料,并运用科学的方法对其进行分析研究,以对未来市场发展变化趋势进行预测的一种预见性报告。[①] 它是在对市场进行广泛深入的调查研究后得出的,因而能够为制订和调整生产经营计划、改善经营管理等提供可靠的依据,并最终促使其提高经济效益和社会效益。

(1) 市场预测报告的特点

市场预测报告的特点,具体来说有以下几个。

①预见性

市场预测报告的一个鲜明特点,便是具有预测性,即写作市场预测报告的目的是预测市场的未来发展变化趋势。而在对市场的发展变化趋势进行预测时,必须以事实为依据,并切实着眼于未来,在进行深入调查、占有广泛资料的基础上,进行合理判断。

②针对性

在进行市场预测之前,必须明确具体的预测对象以及需要解决的问题。在此基础上开展市场预测,才能更有针对性,并有可能在市场变化之前得出需要的市场预测结果。否则,市场预测很可能花费太多的时间,而且因预测对象不明确而无法取得理想的预测结果。

③科学性

在形成市场预测报告之前,必须要进行充分的市场调查,获得大量客观、真实且具体的调查资料。在此基础上,还需要借助于科学的经济理论和预测方法,对所获得的调查资料进行深入分析与研究,继而得出市场预测结果。从这一角度来说,市场预测报告具有科学性特点。

④可行性

进行市场预测,目的是为企业或相关部门做出决策提供依据。因此,在市场预测报告中,需要写明预测结果将会产生的影响以及应对预测结果的可行性举措,以便发挥市场预测报告的依据性作用。

⑤时效性

市场处于不断的发展之中,因此以通过市场调查所获得的信息为依据来对市场进行预测时,很可能出现行动还未实施但市场已发生变化的情况。基于此,针对市场预测而采用的行动必须要及时,即在市场未变化之前就及时采取行动。这也提醒人们在对市场进行预测时,必须要及时,即在市场发展的前一阶段还未结束时便对下一阶段的市场状况进行

---

① 张玉雁,徐鹏.应用文写作[M].沈阳:辽宁大学出版社,2017:281.

预测,并提出可行性对策。此外,市场预测的目的是为企业或部门的决策提供依据,因而必须在企业或部门做出决策之前便完成这项工作,否则便无价值可言,还可能造成严重损失。

(2)市场预测报告的种类

市场预测报告依据不同的标准可以分为不同的类型,下面介绍几种常见的分类方式。

第一,以预测的范围为依据,可以将市场预测报告分为两类,即微观市场预测报告和宏观市场预测报告。其中,微观市场预测报告是针对特定的市场或某一商品的供需变化情况、新产品的研发可行性与研发前景等而形成的预测报告;宏观市场预测报告是针对大范围的市场或某一类商品的供需变化情况、未来发展趋势等而形成的预测报告。

第二,以预测的内容为依据,可以将市场预测报告分为材料供应情况预测报告、生产预测报告、成本预测报告、市场占有率预测报告等。

第三,以预测的时间为依据,可以将市场预测报告分为对一年左右经济发展情况进行预测的短期预测报告、对2~5年内经济发展前景进行预测的中期预测报告和对5年以上经济发展前景进行预测的长期预测报告。

第四,以预测的方法为依据,可以将市场预测报告分为两类,即定量预测报告和定性预测报告。其中,定量预测报告是采用统计分析法和经济计量法进行预测而形成的预测报告;定性预测报告是对影响需求量的各种因素,如产品质量、价格、消费者、销售点等进行调查、分析、研究,并在此基础上预测市场的需求量而写成的报告。

2. 市场预测报告的具体写作技巧

(1)市场预测报告的写作格式

市场预测报告通常由以下三个部分构成。

①标题

在写作市场预测报告时,标题是必须要有的。一般来说,市场预测报告标题的写法有以下几种。

第一,公文式标题,即由预测范围、预测时间、预测对象、文种组成的标题。比如,"2021年全球空调市场预测"。

第二,新闻式标题,即在正题之外加上副标题或眉题等。比如,"2010年家纺市场预测——设计更加多元化"。

第三,文章式标题,即在标题中点明报告的主要内容。比如,"2022年应届毕业生需求情况预测"。

②正文

市场预测报告的主体是市场预测报告的正文,通常由以下几部分组成。

第一,引言。在引言部分,需要将写作市场预测报告的目的、依据及其他情况进行说明。当然,在这一部分也可以对市场预测报告的主要观点或内容等进行概括,对市场预测报告的预测方法、范围与时间等进行说明,对预测结果进行简要阐述等。此外,这一部分的写作必须要简明扼要,不需要占用过多的篇幅。当然,引言这一部分也可以单独拿出来,放在正文的前面。

第二,主体。这一部分通常是由现状、预测、建议组成的。这里所说的现状,实际上就是所预测市场的发展状况,可以从预测对象的发展历史入手,借助于各种客观、具体的数据和资料进行说明。需要注意的是,这一部分的数据和资料应在实际市场调查的基础上获得,而且要确保其真实、可靠。否则,会导致市场预测的失败。由于与预测市场发展状况相关的数据和资料有很多,因而在具体写作这一部分时要注意对材料进行选择与提炼,尽可能选择具有代表性的数据和资料,并要注意分清主次。预测是根据所预测市场的发展状况,对其未来的发展趋势和规律进行预测,以便为相关部门的决策提供依据。在写作这一部分时,所有的预测都必须根据上一部分的调查结果来进行。同时,为保证叙述的清晰性和明确性,可以分条款或分小节来写作这一部分。建议就以上一部分的预测结果为依据,提出可行性意见,并将其反馈给相关部门和企业。建议是市场预测报告写作的根本目的所在,也是市场预测报告的价值所在。建议部分中所提出的意见必须是准确、可靠、可行的,否则无法实现促进经济效益和社会效益进一步提高的目的。

第三,结尾。在市场预测报告的结尾部分,可对预测结果进行归纳,并指出预测结果的积极意义;也可以对观点进行重申,或是对前言进行照应,以帮助人们对相关观点加深认识。当然,当主体部分将所有内容都论述清楚的情况下,结尾也可以不写。

③落款与成文日期

在正文结束之后,可以将市场预测报告的写作者标注在正文的右下方。当然,有些情况下也可以在标题的下方写明市场预测报告的写作者。

此外,还需要标注市场预测报告的成文日期。

(2)市场预测报告的写作注意事项

在写作市场预测报告时,除了要遵守上面的写作格式,还要特别注意以下几个方面。

第一,在写作市场预测报告时,必须对相关资料进行广泛收集,而且要对收集到的资料进行周密分析与判断。市场的供求变化会受到很多因素的影响,因而市场预测者要对市场供求状况进行准确预测,需要广泛地收集相关资料。一般来说,预测者在收集资料时需要从纵向和横向两个方面着手。纵向资料就是与预测对象相关的历史资料,横向资料就是某一特定时期内与预测对象相关的资料。收集了这两方面的资料,市场预测者便能既历史地看待预测对象,又能从现实资料出发对预测对象进行分析。当收集了广泛的资料后,还需要对其进行详细整理与周密分析,判断其真实性和可靠性。市场预测者只有掌握了真实且可靠的资料,才能正确地进行市场预测,写出与实际相符合的市场预测报告。需要注意的一点是,预测是对未来进行的判断,是很难做到完全准确的。也就是说,出现市场预测结论与现实不相符合的情况是不可避免的。而之所以会出现这一情况,原因主要有两个:一是市场经济发展中存在一些不确定的因素;二是预测者容易受到思维定式的影响。很明显,要避免第一个因素是不可能的,但第二个因素是可以解决的,办法就是预测者在进行预测时必须秉承实事求是的精神,少进行主观臆断,切实根据调查资料进行全面、周密、合理的分析与判断。

第二,在写作市场预测报告时,语言表述要准确无误、朴实无华。在市场预测报告中,各种专业术语及数据的使用都要做到精准恰当,用语还要讲求分寸,如表述时间常用"近期""最近""目前"等模糊语。表述预测结论还常用含"将"字的肯定判断句等带有预警色彩的句子,对此类能够体现文体特点的词语或句子,要在认真推敲其含义的基础上准确使用。另外,无论是描述现状,还是预测未来,都要做到不粉饰,不渲染,不铺陈,把内容清清楚楚、明明白白地表达出来就可以了。

第三,在写作市场预测报告时,要注意行为的逻辑性,做到层次清晰,文脉贯通。

(八)产品说明书的写作技巧

1. 产品说明书的基本认知

产品说明书是生产者向消费者全面、明确地介绍产品名称、用途、性质、性能、原理、构造、规格、使用方法、保养维护、注意事项等内容的一种经济应用文。这种经济应用文往往写得十分准确,而且文字材料较为简单。

(1)产品说明书的特点

产品说明书的特点,具体来说有以下几个。

①实用性

产品说明书是传授知识的文字,目的是为了让读者正确认识和使用相关产品。因此,实用性是产品说明书的一个鲜明特点。

②科学性

在编写产品说明书时,必须要考虑到产品本身的特点和实际情况、技术标准、卫生标准等,这就决定了产品说明书中的内容是十分科学的。因此,科学性也是产品说明书的一个鲜明特点。

③条理性

产品说明书的这一特点是针对其表达而言的,即产品说明书的主要表达方式应是说明,而说明的方式大多采用分条列项式,这样容易被理解,而且逻辑清晰,一目了然。

④生动性

一些产品说明书除文字外,有些还配有图标图片。这不仅有助于消费者更好地来理解产品说明书,也能够使消费者在阅读产品说明书时不容易产生厌烦和疲劳等不良情绪。

(2)产品说明书的种类

产品说明书依据不同的标准可以分为不同的类型,下面介绍几种常见的分类方式。

第一,以写作目的为依据,可以将产品说明书分为技术说明书、安装说明书和使用保管说明书三类。

第二,以写作的内容为依据,可以将产品说明书分为简要产品说明书和详细产品说明书两类。

第三,以性质为依据,可以将产品说明书分为一般产品说明书和特殊产品说明书两类。

第四,以表达方法为依据,可以分为解释性说明书、陈述性说明书和描写性说明书三类。

第五,以写作的格式为依据,可以将产品说明书分为短文式说明书和条目式说明书两类。

第六,以写作的语种为依据,可以将产品说明书分为中文产品说明书、外文产品说明书和中外文对照产品说明书三类。

2. 产品说明书的具体写作技巧

(1) 产品说明书的写作格式

产品说明书通常由以下三个部分构成。

① 标题

在写作产品说明书时,标题是必须要有的。一般来说,产品说明书标题的写法有以下两种。

第一,商标+产品名称+文种,如"日立牌冷冻冷藏电冰箱使用说明书"。

第二,产品名称+文种,如"痰净片说明书"。

第三,只标出文种"说明书"。

② 正文

产品说明书的正文没有固定的写法,而且所介绍的内容会因产品不同而有所差异。不过,总体而言产品说明书都要包括以下几个部分。

第一,开头。在这一部分,需要对产品的基本情况进行简要介绍。有的介绍产品的名称、历史、特点功能;有的介绍产品的名称、特点;有的介绍产品的制作原料、工艺、作用、特点。当然,也有一些产品说明书不写开头,按照逻辑顺序直接介绍产品的有关知识。

第二,主体。在这一部分,可以采用并列式结构介绍产品规格、型号、结构、成分、制作工艺、主要技术参数、性质、功能、特点、使用方法、维修保养、注意事项等。需要注意的是,产品说明书中不一定包括前面所有的内容,但产品的用途、性能、特点及使用、保养方法等必须要有。否则,产品说明书的实用性会大大降低。此外,在这一部分要注意对产品的重点内容进行突出。比如,食品说明书要重点介绍其营养成分、对健康的作用和食用方法;药品说明书要重点介绍其功用、疗效和服法;机器、家电要重点介绍其结构、性能和操作规程、保养方法以及其他注意事项;等等。还有一点,在这一部分为了更直观地说明产品,可以配上商品结构图、原理图、数据、表格、图示等。

第三,结尾。在这一部分,要写生产厂家地址和联系方式等。

③落款

落款包括单位名称、电话、地址、网址等各种联系方式,以便用户联络,以及某些商品的特定标注,如食品保质期、家电保修期、商标等。需要注意的是,在写作落款时,必须要保证信息的真实性。

(2)产品说明书的写作注意事项

在写作产品说明书时,除了要遵守上面的写作格式,还要特别注意以下几个方面。

第一,在写作产品说明书时,文字要精炼,内容要简明扼要。

第二,在写作产品说明书时,要以为消费者负责为前提。为此,在写作的过程中,对产品特别是对技术含量高或事关人身、财产安危的产品的说明一定要做到字斟句酌、周到细致。

第三,在写作产品说明书时,要切实考虑到阅读对象的特点。产品说明书的阅读对象多为普通消费者,因而在写作时必须充分考虑阅读对象的大众化特点,树立为大众服务的观念,从内容的取舍到表达方式的选用,都要尽可能适应社会大众的特点和需要。

(九)招投标书的写作技巧

招投标书实际上包括了两方面的内容,即招标书和投标书。下面从这两个方面对招投标书的写作技巧进行详细分析。

1. 招标书的写作技巧

(1)招标书的基本认知

招标书是招标单位为招标而制作的文书,而招标就是由招标单位公布标准和条件,提出价格,公开招人承包建筑工程或承购货物(商品)。

①招标书的特点

招标书的特点,具体来说有以下几个。

第一,竞争性。招标是一项实质性的经济竞争活动,在撰写招标书之前,一定要充分做好市场调查研究工作,了解和掌握市场信息,对招标项目的市场状况做到心中有数,深入分析市场的基本形势和发展趋势,这样才能使各项数据的测算和评估科学、合理。

第二,可行性。招标是经济改革的一项重大举措,整个招标过程都应在国家有关公证、监督机关和业务主管部门的指导下进行。要认真贯彻执行党和国家的有关方针、政策、法律,遵守招标工作的有关规定和具体办法,一切从实际出发,结合招标的实际情况,提出切实可行的招标方案。

第三,准确性。招标书对招标项目的主要目的、达到的质量标准、人员的素质和时间要求等,要有明确详细的表述,以便投标人能有的放矢。对于技术规格和质量标准,一定要明确是国际标准、国家标准、部颁标准,还是企业标准。如果没有通用的标准,则应注明是按图纸加工,还是按样品加工。如表达不准确,发生技术规格不符合要求或质量事故时,按规定,招标人要承担赔偿责任,这就会造成不必要的经济损失。

第四,时间性。招标单位进行招标,是为了尽快对招标项目的承建者或承售者等进行确定。因此,在一份招标书中,对于招标的具体日期、送达投标书的日期以及开标的日期等都必须予以明确说明。

②招标书的种类

招标书依据不同的标准可以分为不同的类型,下面介绍几种常见的分类方式。

第一,以招标的范围为依据,可以将招标书分为国内招标书和国际招标书两类。

第二,以招标的形式为依据,可以将招标书分为公开招标书和有限(邀请)招标书两类。

第三,以招标的内容为依据,可以将招标书分为工程招标书、生产招标书、企业承包招标书等。

第四,以招标的时间为依据,可以将招标书分为短期招标书和长期招标书两类。

(2)招标书的具体写作技巧

①招标书的写作格式

招标书通常由以下两个部分构成。

第一,标题。在写作招标书时,标题是必须要有的。一般来说,报告标题的写法有三种:一是招标单位全称+招标目的+物品名称+文件,"某某公司新建某某办公楼的招标公告";二是招标单位+文种,如"上海石油化工厂招标通告";三是"招标"+文种,如"招标公告""招标通告"等。有的招标书为了便于存档和查对,还在标题下加上编号。

第二，正文。招标书的正文是由开头、主体和结尾三部分组成的。在开头部分，要用简短的文字说明一下背景概况，主要写招标单位的招标根据、目的、项目名称（或产品名称）、规模（或批量）、招标范围，并说明该项目已通过有关部门机关的批准，有一定法律依据等。有的根据需要还在开头部分介绍本单位、本企业的优势，如"历史悠久""技术力量雄厚"等评价语言，还可以对所邀请单位加以赞扬性评价。在主体部分，主要对招标内容和招标步骤进行详细介绍。在写招标内容时，要准确、清楚地写明即将发包的工程项目名称、规格、工程总量或购买物资的名称、价格、数量等，以使投标单位根据自己的实际承担能力决定是否应招。在写招标步骤时，要包括招、投标的起止时间，投标者购买招标文件的时间，有关条件和要求，以及开标的方式、地点、时间等。在结尾部分，要按顺序写明招标单位名称（盖章）、地址、发文日期、邮政编码、电话号码等，有的还需注明联系人姓名。

②招标书的写作注意事项

在写作招标书时，除了要遵守上面的写作格式，还要特别注意以下几个方面。

第一，在写作招标书时，要确保招标方案切实可行。为此，所确立的招标标准可以明确且具有可行性。

第二，在写作招标书时，要注意表述准确、条理、清楚。

第三，在写作招标书时，要注意用语文明礼貌。

2. 投标书的写作技巧

（1）投标书的基本认知

投标书是对招标书的回答，是投标人在承包建筑工程或承买大宗商品时，愿意接受招标人在招标书中提出的条件和要求，向招标人申请承买或承包并报出价目时使用的一种文书。

①投标书的特点

投标书的特点，具体来说有以下几个。

第一，准确性。投标书是一种有着极强专业性的文书，因而其所涉及的内容以及所使用的语言必须是准确、具体的。基于此，在写作投标书时，竞标的价格、材料的耗用量以及工程的期限等都必须按照规定的格式准确填写。此外，投标书中所涉及的数字必须是在深入调查和反复核算后得出的准确数字，不可是笼统、抽象的，否则无法在竞标中脱颖而出。

第二，竞争性。投标是一种合法竞争活动，而且这一活动既受国家的保护，也受国家的监督。在这一活动的开展过程中，投标书是必须要具备的。从这一角度来看，投标书也具有竞争性特点。当招标单位将招标公告发出之后，许多投标单位便会将投标书递交给招标单位。此时，招标单位会对所有的投标书进行对比，选出最佳的一个。这就在客观上导致了投标单位之间存在一定的竞争关系，即要想在竞标中脱颖而出，就必须有较强的竞争能力。

第三，时效性。投标者必须按照招标要求的时间及时领取、送回投标文件，才不致错失投标机遇。因此，时效性是投标书的一个鲜明特点。

②投标书的种类

投标书依据不同的标准可以分为不同的类型，下面介绍几种常见的分类方式。

第一，以投标的形式为标准，可以将投标书分为公开投标书和有限投标书。

第二，以投标的时间为标准，可以将投标书分为短期投标书和长期投标书。

第三，以投标的范围为依据，可以将投标书分为国内投标书和国际投标书。

（2）投标书的具体写作技巧

①投标书的写作格式

投标书通常由以下四个部分构成。

第一，标题。一般来说，标题部分直接写明"投标申请书"。

第二，主送单位。这一部分主要是要写明招标单位的名称或委托招标方的名称。

第三，正文。在这一部分，要写明申请投标的名称、数量、技术要求、价格、质量、工期等。同时，要写明态度，提出保证事项，根据招标公告的条款内容亦可列表或附表。在这一部分的结尾，还要写上结束语"特此申请"等。

第四，落款与成文日期。在这一部分，要写上投标单位名称（盖章）、负责人姓名（签章）、地址、邮政编号、电话号码等。同时，要最后写明投标申请书发出的时间，并将年、月、日标全。

②投标书的写作注意事项

在写作投标书时,除了要遵守上面的写作格式,还要特别注意以下几个方面。

第一,在写作投标书时,要实事求是。

第二,在写作投标书时,要具体清晰。

第三,在写作投标书时,要准确准时。

(十)策划书的写作技巧

1. 策划书的基本认知

策划书是针对各种商务活动、社会活动等,为了达到一定的目的所制定的具有创意性、可行性的行动计划。[①] 在当前的社会中,成功的策划会使相关活动有声有色,有序有效,进而赢得成功,而一份创意突出、切实可行的策划书则是必不可少的。

(1)策划书的特点

策划书的特点,具体来说有以下两个。

第一,创意性。创意是专题活动的关键,是整个活动策划中的画龙点睛之笔。一个富有创意的策划,能够吸引和感染公众,使专题活动取得良好的效果,达到预期的目的。

第二,可行性。创意再好也必须落实到行动中才能实现。策划书就是专题活动的具体行动计划,是在实际调研、综合考虑主客观条件后形成的,应当具有可行性和可操作性。

(2)策划书的种类

一般来说,策划书以其内容为依据,可以分为市场商务计划书和专题活动策划书两类。其中,市场商务计划书又包括营销策划书、广告策划书、新品开发策划书等;专题活动策划书又包括比赛项目策划书、公益活动策划书等。

2. 策划书的具体写作技巧

(1)策划书的写作格式

策划书通常由以下三个部分构成。

---

① 谭靖仪.应用文写作[M].北京:北京理工大学出版社,2019:152.

①标题

在写作策划书时,标题是必须要有的。一般来说,策划书标题的写法有以下几种。

第一,活动单位＋活动名称＋文种名称,如"××学校首届校园艺术节策划书"。

第二,活动名称＋文种,如"元旦歌舞晚会策划书"。

第三,正标题＋副标题,即正标题点明活动的主题,副标题标示活动单位、活动名称和文种名称。比如,"让我们怀有一颗感恩的心——××系母亲节英语演讲比赛策划书"。

②正文

策划书的主体是策划书的正文,通常由以下几部分组成。

第一,前言。在这一部分,要简明扼要地介绍策划该项活动的背景情况,说明举办该活动的意义,引出后面的具体计划内容。

第二,策划目标。目标是执行策划的动力。确立目标可以根据组织活动的具体情况选择,如将目标分成总目标与分目标等,还要考虑是否符合客观实际、是否符合活动对象需要等。而在确定策划目标时,要对策划活动的必要性和可行性进行分析,以明确目标是否可行。

第三,主题说明。主题是整个策划的灵魂,是对活动内容的高度概括,统领着整个活动,连接着各个项目及步骤。活动的主题表现是多样的,既可以是一句口号,也可以是陈述式表白。主题设计必须贴近受众心理。

第四,宣传媒介。一项专题只有让活动对象充分了解活动的内容和意义,才能够使活动取得成功,因此选择有针对性、可行性和有限性的宣传媒介是非常重要的。

第五,活动计划。活动计划是对具体活动的指导,应当周密具体、可以操作,一般由活动的日期、地点和内容等项构成。

第六,活动经费预算。任何活动的举办,都需要有一定的资金做支持。因此,需要估计可能需要的各种支出,对活动经费进行预算。经费预算要合理、全面、留有余地。

第七,活动效果评估。正确评估活动的效果,有助于组织者了解策划的实现程度,衡量活动的实际效果,调动活动成员的积极性。效果评估要依据目标,实事求是。

③落款。在这一部分,要署上策划者名称和策划书写作时间。内容

比较复杂的策划书一般单独设计封面,主要文字内容包括标题、策划者名称、策划书写作时间等,这样落款项可省略。

（2）策划书的写作注意事项

在写作策划书时,除了要遵守上面的写作格式,还要特别注意以下几个方面。

第一,在写作策划书时,要确保主题单一。也就是说,一份专题活动策划书只能有一个主题,要选择一个针对所要达到的目标的最合适的主题,这样才能够引起受众群的关注,让他们记住最重要的信息。

第二,在写作策划书时,要紧紧围绕着主题展开,并要尽可能做到集中、精简。

第三,在写作策划书时,要对活动的时间、地点、详细安排等进行全面考虑,确保最终完成的策划书具有可行性。

第四,在写作策划书时,要充分考虑到客观实际情况,并要避免掺入太多的主观想法,影响执行者开展活动。

第四章　事务应用文写作实训研究

事务应用文在人们处理日常事务、沟通信息、总结经验、研究问题、指导工作等中起着十分重要的作用,而且事务应用文有着自身独特的问题特点、写作格式和写作要求。本章,将对事务应用文写作的相关知识进行详细阐述。

第一节　事务应用文的概念与分类

一、事务应用文的概念

事务应用文是党政机关、企事业单位以及社会团体和个人在办理公务及日常工作中用来处理公务或与公务有关的各种事务的、除法定公文以外的公务文书的总称。在日常生活中,事务应用文的使用是十分广泛的。

二、事务应用文的分类

事务应用文的种类有很多,而且随着社会的发展,事务应用文的种类还有不断增多的趋势。因此,当前学术界对于事务应用文的分类还未有权威性观点。不过,以性质和作用为依据对事务应用文进行分类是一种常用的分类方法。具体来看,事务应用文以其性质和作用为依据,可以细分为以下几类。

第一,规章类事务应用文。这一类事务应用文是通过订立某些制约性措施来促进工作的进一步有效开展,而且所订立的措施需要相关人们予以遵守。规则、章程、守则等都属于规章类事务应用文的范畴。

第二，书信类事务应用文。这一类事务应用文在日常生活与工作中的使用频率也是很高的，感谢信、表扬信、求职信、申请书、倡议书等都属于书信类事务应用文的范畴。

第三，计划类规章类事务应用文。这一类规章类事务应用文侧重于对未来的工作进行设想，包括未来工作的指导思想、内容、方法与措施等。计划、方案、安排等都属于计划类事务应用文的范畴。

第四，报告类事务应用文。这一类事务应用文侧重于对某种工作的内容、成绩、经验与教训、存在的问题等形成文字向社会、上级或本单位报告。总结、调查报告、述职报告等都属于报告类事务应用文的范畴。

第五，信息类事务应用文。这一类事务应用文侧重于向他们传递信息，而且信息的类型多种多样，可长可短。演讲稿、简报、启事等都属于信息类事务应用文的范畴。

第六，会议类事务应用文。这一类事务应用文是为了保证会议的顺利召开而提前准备的，而且在会后会加入会议的相关内容。开幕词、闭幕词等都属于会议类事务应用文的范畴。

第二节　事务应用文的特征与作用

一、事务应用文的特征

与其他文种的应用文相比，事务应用文具有以下几个鲜明的特征。

（一）实用性

事务应用文写作的根本目的，就是对单位或个人的日常事务进行处理。因此，实用性是事务应用文的一个鲜明特点。比如，调查报告是为领导决策做准备的，述职报告是为工作总结和未来工作计划做准备的，等等。此外，事务应用文可以处理的事务范围是十分广泛的，且大事、小事均可。

第四章 事务应用文写作实训研究

(二)指导性

在写作事务应用文时,必须以现实情况或是工作中的实际问题为依据,或进行报道,或总结经验,或研究问题等。总体而言,写作事务应用文都是为了推动实际工作,对实际问题进行解决,促进党和国家方针、政策等的有效落实。从这一角度来说,事务应用文具有指导性。比如,调查报告所概括的成熟经验、所推荐的新生事物、所披露的社会问题,对别的单位、部门、地区甚至对全局的工作都有指导作用。

(三)具体性

事务应用文通常篇幅较长,而且注重以真实性为前提,对所涉及事务进行详细说明。比如,计划、总结、调查报告、述职报告等比较长,而且文中会用到很多具体且典型的材料来说明具体问题。此外,事务应用文中的观点和结论的得出,也离不开大量的事实材料。因此,具体性也是事务应用文的一个鲜明特征。

(四)灵活性

事务应用文具有灵活性特点,这主要是通过以下几个方面表现出来的。

第一,事务应用文在结构形式上没有规范化的体例格式,可以根据实际内容确定合理的行文结构。

第二,事务应用文的表达是十分灵活的,既可以运用描写的方法,也可以运用记叙、说明的方法,还可以运用议论的方法。

第三,事务应用文在对材料进行安排时是十分灵活的,既可以时间为序来安排材料,也可以空间为序来安排材料,还可以因果关系、主次关系等来安排材料。材料安排的灵活性使写作者在构思事务应用文时进行创新。

第四,事务应用文语言更富主动性,可以在真实反映的前提下,讲究语言表达的艺术效果等。

第五,事务应用文的拟制和审批手续是十分简单、便捷的,这是其与行政应用文的一个显著区别。

(五)真实性

事务应用文写作的一个重要前提便是真实性:一是文中的信息必须

要准确,所反映的情况必须是真实的;二是文中所运用的材料必须是客观真实的;三是文中的表达必须以实事求是为原则,以揭示出合乎规律的经验和普遍性观点。

二、事务应用文的作用

事务应用文有着广泛的应用,而且要实现联系与部署工作、交流情况、总结经验、规范行为等多样化的任务。因此,事务应用文在现实生活中所起到的作用是十分重要的。具体来看,事务应用文的作用主要有以下几个。

(一)参考作用

事务应用文的写作,一个重要的目的是为上级有关部门开展工作、决策者制定决策等提供参考和建议。这就决定了事务应用文发挥着重要的参考作用。

事务应用文可以总结经验教训、分析现代管理所需要的信息、调查研究重难点问题等,从而为上级有关部门或是决策者等提供有效的信息,帮助其对工作思路进行科学合理的调整,对工作计划进行修订,对工作方法进行改进,从而大大提高工作的效率。

(二)约束作用

在日常事务的执行与处理过程中,事务应用文发挥着重要的约束作用。比如,计划是一种常用的事务应用文,其制定是为了将单位或部门中的所有人员都团结在一起,在特定的时期内为了实现或达成一个共同的目的而开展统一行动。而在行动的开展过程中,计划起着规范与约束计划行为的作用。

(三)晓谕作用

事务应用文是处理日常事务的一个有效工具,其要帮助上级机关和部门向下级机关和部门分析形势、讲解政策、传达信息、布置任务等,从而推动各方面工作的顺利开展。从这一角度来说,事务应用文可以发挥一定的晓谕作用。

（四）凭证作用

事务应用文中所涉及的是事务活动,其在传达意图、联系事务、处理公务的同时,大多数还具备凭证作用。这是因为,每一篇事务应用文都体现了发文者的意图,而受文者在安排工作、处理问题时必须以发文者所发布的事务应用文为依据。

事务应用文不仅在机关单位或个人的现行工作中具有凭据作用,其在时效性消失后,一些还可以作为机关活动的原始记录,也是日后解决类似问题、矛盾等的重要凭证。

第三节　事务应用文的写作技巧研究

一、事务应用文写作的总体要求

事务应用文的涵盖面广、使用率高,因此写好事务应用文至关重要。而在写作事务应用文时,要遵守严格的行文规则。具体来看,在事务应用文时必须遵守以下事项。

第一,在写作事务应用文时,必须要熟悉党和国家的方针政策以及有关的法规、规定等,以保证事务应用文的内容与党和国家的方针政策等相符合,与国家法规、规定等的要求相一致。只有这样,才能保证所写作的事务应用文具有现实可行性,能够对现实工作的开展发挥积极的指导作用。

第二,在写作事务应用文时,必须要有前瞻意识,能够自觉地站在时代和未来的高度对问题进行审视与分析。只有这样,才能够写出高质量的事务应用文。

第三,在写作事务应用文时,必须要对实际情况进行深入调查与客观了解,以掌握尽可能全面的资料。只有这样,所写出的事务应用文才能清晰准确地表述出实际情况、获得经验与存在的问题以及下一步的决策重点等,为下一步工作的开展或问题的解决提供可靠依据。

第四,在写作事务应用文时,必须要选用正确的文种。事务应用文的种类不同,其功能特点和适用范围也会有一定的差异。这就决定了在写作事务应用文时,首先要对不同事务应用文的含义及其具体功用进行全面的了解,并以实际的写作需求为依据,确定恰当的文种。

第五,在写作事务应用文时,要尽可能开门见山、突出重点,并要注意层次分明。

第六,在写作事务应用文时,必须要用语准确,尤其是规章类事务应用文,绝不能出现模糊、歧义的词句。

二、不同文种事务应用文的写作技巧

事务应用文包含的文种有很多,这里着重介绍几种常用文种的写作技巧。

(一)计划的写作技巧

1. 计划的基本认知

"凡事预则立,不预则废。"因此,在开展工作、实施任务之前,制订科学的计划是很有必要的。所谓计划,就是某一个单位、部门或个人,对预计在一定时期内所要做的工作或所要完成的任务加以书面化、条理化和具体化的一种文书。计划能够帮助人们更有序地开展工作,提高工作的计划性和工作成功的可能性。未制订计划便开展工作,很可能会因安排步骤而导致工作中出现失误,影响工作的成效,甚至导致工作失败。

(1)计划的特点
计划的特点,具体来说有以下几个。
①针对性
在制订计划时,往往针对的是某一具体情况。因此,计划在制订好后,要能够为具体工作的开展服务,确保工作的顺利开展并取得预想的效果。
②预见性
计划是对未开展的工作提出的提前设想,需要在调查研究、掌握大量资料的基础上,预测工作开展过程中也能出现的问题以及可能遇到的困难,并进一步提出解决问题和困难的措施。从这一角度来说,计划具有预见性特点。

第四章　事务应用文写作实训研究

③指导性

一份科学、合理的计划,是在遵守党和国家的方针政策以及上级指示的基础上完成的,而且计划的制订过程中会充分考虑到工作的实际情况。因此,计划在制订好后可以对今后工作的开展起到指导作用,有助于今后的工作取得理想的成效。

④全面性

在制订计划时,要尽可能将与工作相关的事项都安排进去。只有这样,才能确保工作的安排全面、具体、周密,促进工作的顺利开展。

⑤约束性

计划在制订好后,除非有特殊情况,必须要予以贯彻执行。也就是说,在今后开展工作时,计划是对工作开展情况进行检查的重要凭证。从这一角度来说,计划还具有约束性特点。

⑥时效性

时效性也是计划的一个鲜明特点,即计划是针对某一时期出现的某一事项而制定的,而且计划要在规定的时期内予以实施,并达到预想的效果。

（2）计划的种类

计划依据不同的标准可以分为不同的类型,下面介绍几种常见的分类方式。

第一,以计划的内容为依据,可以将其分为工作计划、学习计划、生产计划、财务计划等。

第二,以计划的范围为依据,可以将其分为国家计划、部门计划、单位计划、科室计划、班组计划、个人计划等。

第三,以计划的时间为依据,可以将其分为周计划、月计划、季度计划、年度计划、长期计划等。

第四,以计划的性质为依据,可以将其分为专题性计划和综合性计划两类。

第五,以计划的形式为依据,可以将其分为条文式计划、图表式计划和条文图表结合式计划三类。

第六,以计划的作用为依据,可以将其分为指令性计划和指导性计划两类。其中,指令性计划是由国家决策机关制订的,需要有关单位对计划中的内容予以认真执行。而指导性计划相比指令性计划来说,使用范围更广,而且灵活性也更大。

2. 计划的具体写作技巧

（1）计划的写作格式

计划通常由以下三个部分构成。

①标题

在写作计划时,标题是必须要有的,而且计划的标题是比较灵活的。一般来说,计划标题的写法有以下几种。

第一,机关名称＋时限＋事由＋文种,如"山东'十五'时期自然遗产保护规划"。一般来说,在计划的级别较高且计划中涉及的事务较为重大、涉及的范围较广时,需要采用这种标题形式。

第二,机关名称＋事由＋文种,如"××大学处理重大突发事故工作预案"。一般来说,计划中涉及的事务较为紧急时,需要采用这种标题形式。

第三,时限＋事由＋文种,如"2021年第一季度财务计划"。一般来说,单位内部所制订的计划,可以采用这种标题形式。

第四,事由＋时限＋文种,如"教学改革五年规划"。一般来说,这种标题形式也多在单位内部计划中出现。

第五,事由＋文种,如"职工教育培训计划"。

②正文

计划的主体是通知的正文,通常由以下几部分组成。

第一,开头。在这一部分,需要简明扼要地说明计划的制订背景依据和目的等。计划若是较为短小,则这一部分也可以省略。

第二,主体。在这一部分,需要阐述清楚三方面的问题。一是计划的目标。目标是计划产生的起点,也是计划实施的归宿。计划的目标既可以是具体的内容,也可以是宏观的描述,但都要体现出奋斗的目标和方向,而且能够让人们一目了然。二是计划的措施与要求。计划的措施是计划得以实现的条件,涉及人力、智力、组织领导、技术保障、财力保障、分工协作、外力保障等多个方面。而计划的要求指出了计划实施过程中需要注意的事项,对于计划顺利实施、实现计划的目标具有积极的意义。三是计划的步骤。计划的步骤是计划目标实现的程序安排和时间要求,需要明确计划的实施环节以及哪些环节要放在前面、哪些环节要放在后面,分清轻重缓急。

第三,结尾。在计划中,结尾这一部分是可有可无的。如果需要写结尾,可以采用多种形式来结束全文,如提出总的希望、分析前景等。此外,在写作结尾时,要注意使用富于号召性、鼓动性的语言。

③落款与成文日期

落款是指计划发文机关的签署,在正文的右下方标署,还可以加盖公章以示效力。如果标题已写上了发文机关的名称,则结尾处可以省略。计划成文时间标署在落款之下,也可以写在标题之下,而且年、月、日需要标全。

(2)计划的写作注意事项

在写作计划时,除了要遵守上面的写作格式,还要特别注意以下几个方面。

第一,在写作计划时,必须考虑到党和国家的方针政策、法律法规,确保计划中的内容不会违法或违规。这是计划得以实施的一个重要前提条件。

第二,在写作计划时,必须要从实际出发,实事求是。为此,制订的计划目标要恰当,太高或太低,或是弄虚作假都不利于工作的进一步开展,还可能给工作造成无法预估的损失;设计的计划措施和步骤等要合乎事理、循序渐进。同时,计划的措施、步骤等必须要写得具体明确,切勿含糊不清、模棱两可。

第三,在写作计划时,必须要突出重点,兼顾一般。计划中不可能将所有的事项都列出来,而且全部列出会使人抓不住重点,影响主攻方向。

第四,在写作计划时,必须明确责任,切实将任务落到实处。与此同时,计划书的写作应留有余地,以便及时在计划实施过程中对其进行调整与修补,继而使计划不断完善。

第五,在写作计划时,用语应力求准确,言简意赅。

(二)调查报告的写作技巧

1.调查报告的基本认知

调查报告是对某一现象、某一事件或某一问题进行深入细致地调查后,将掌握的材料进行系统整理、分析研究,并在发现本质特征和基本规律之后写成的书面报告。在调查报告中,不仅要阐明发生的事情,而且要说明事情发生的前因后果。

（1）调查报告的特点

调查报告的特点，具体来说有以下几个。

①针对性

调查报告是一种有很强针对性的事务应用文，其是针对某一时期迫切需要解决的社会情况或实际问题而进行的，能够为社会情况或实际问题的解决提供有针对性的参考。此外，在写作调查报告时，需要围绕所针对的问题展开论述，并以大量的事实材料为支撑，探寻问题的根源，找出解决问题的可行性建议或对策。

②客观性

调查报告要想有价值，一个重要的前提是其本身是客观事实，不存在虚假的成分。在写作调查报告时，需要深入现实生活之中，找出存在的实际问题，并要用有代表性的事例或翔实的数据对问题进行分析研究。此外，调查报告的结论也是以大量的客观材料为支撑而得出的，因而对于实际问题的解决很有效果。

③规律性

在调查报告之中，不仅要将事实与结果反映出来，还需要将事实与结果背后所隐藏的规律性内容揭示出来。为此，需要搜集尽可能全面、真实的材料，并对材料进行去粗取精、去伪存真，找出事物中所蕴含的规律，提出问题解决的有效方法。

④严密性

在调查报告中，不仅要说明对事物调查的整体情况，还需要对调查的重点和难点等进行详细说明。此外，调查报告必须有严密的逻辑性，依据提供的材料能够切实推导出结论。否则，调查报告的实用价值会大大降低。

⑤时效性

调查报告是围绕某一时期的某一现实问题而写作的，其除了对问题进行阐述，还期望问题能够得到及时解决。因此，在开展调查研究工作时，必须要有紧迫感和效率意识，在尽可能短的时间内获得尽可能多且真实的材料。与此同时，调查报告的撰写必须要及时，若是拖拉延误，很可能会贻误问题的最佳解决时机。因此，时效性也是调查报告的一个鲜明特点。

⑥典型性

调查报告的写作是以大量的真实材料为支撑的，但这并不意味着要将所有的调查资料都写入调查报告之中,而是要尽可能选取典型的、有代表性的材料来说明情况、反映问题。否则,调查报告会显得十分冗杂,而且无法将事物的全貌和本质客观真实地反映出来。因此,在写作调查报告时,要注意筛选典型且准确的事实材料,以保证分析和结论的正确性。

（2）调查报告的种类

调查报告依据不同的标准可以分为不同的类型,下面介绍几种常见的分类方式。

第一,以时间为依据,可以将调查报告细分为历史问题调查报告和现实问题调查报告两类。

第二,以范围为依据,可以将调查报告细分为国内问题调查报告和国际问题调查报告两类。

第三,以主题为依据,可以将调查报告细分为社会问题调查报告、科学问题调查报告、生态问题调查报告等。

第四,以内容为依据,可以将调查报告细分为专项考察调查报告和综合考察调查报告两类。

第五,以写作结构为依据,可以将调查报告细分为以时间为序的纵式结构调查报告和以空间为序的横式结构调查报告。

第六,以种类为依据,可以将调查报告细分为揭露问题的调查报告、总结典型经验的调查报告和反映社会情况的调查报告三类。其中,揭露问题的调查报告通过调查具体事件以及丑恶现象,澄清事实,明辨是非,引起社会舆论和有关部门的警觉和注意,达到惩戒当事者、教育多数人的目的。总结典型经验的调查报告重在对工作中的经验进行发掘与肯定,对工作中的不足进行明确,并通过推广经验、避免不足等来推动工作的进一步有效开展。反映社会情况的调查报告所反映的内容是十分广泛的,不论是国家大事,还是与人民群众生活相关的各种小事,都可以作为报告的对象。同时,这一类调查报告能够为相关部门决策提供有力的参考。

2.调查报告的具体写作技巧

（1）调查报告的写作格式

调查报告通常由以下六个部分构成。

①标题

在写作调查报告时,标题是必须要有的。一般来说,调查报告标题的写法有以下几种。

第一,发文机关＋关于＋事由＋文种,如"××学校关于2021年专业就业情况的调查报告"。

第二,关于＋事由＋文种,如"关于北京市大学生就业领域的考察报告"。

第三,时限＋事由＋文种,如"2021年下半年人才市场调查报告"。

第四,正题＋副题,如"发展××旅游促进乡村建设——××旅游发展现状调查"。一般来说,正题可采用提问式,以引起人们的关注,而副题点明事由和文种。在某些情况下,也可以只有正题,没有副题。

②署名

调查报告要有署名,而且多为个人署名。一般而言,署名多在标题之下,正文之上,居中标示,也有在正文的右下方标署的。

③前言

在这一部分,主要是对基本情况进行介绍,以便人们能够对调查报告形成整体印象。在写作调查报告的前言时,常用的写法有以下几种。

第一,提要式写法,即开门见山,直入主题,直接概括介绍调查对象的最主要的情况,使读者一开篇就对它的基本情况有一个大致的了解。

第二,交代式写法,即在文章一开头就简明扼要地交代调查背景、调查目的、调查范围、调查方法、调查结果等,使读者在阅读之始就能够对调查的大致情况有所了解。

第三,问题式写法,即直接提出问题,引起读者对于调查课题的关注,或是先介绍调查背景,然后在此基础上提出问题,引起读者的思考,并引起读者的阅读兴趣。

④正文

调查报告的核心便是正文,这一部分有着复杂的内容和丰富的材料,需要以主旨为中心,对内容和材料进行安排,层层深入地进行论述,最终得出结论。另外,在写作这一部分时,可以采用以下几种写法。

第一,按照调查顺序来安排正文的结构,其适合于事件单一、过程性强的调查报告。

第二,按照观点来安排正文的结构,其是由几个从不同方面表现基本观点的层次组成主体,以基本观点为中心线索将它们贯穿在一起。

第三,按照事件发展变化的顺序来安排正文的结构,其是从多个层面和多个角度对同一件事情进行阐述。当调查报告的涉及面比较广时,可以采用这种正文写法。

第四,按照材料的性质来安排正文的结构,其以材料的性质为依据,将其划分为不同的类型,并归纳为不同的层次,每一层次可以以小标题或序号加以标明,也可以不加。对于大型的调查报告来说,采用这种正文写法是比较合适的。

⑤结尾

在调查报告的结尾部分,需要对调查主题进行概括与升华。可以是对全文进行总结,并在此基础上对主旨进行深化;可以是提出问题,让人们对相关问题进行深入思考;可以是提出一些可行性建议来对文中提出的问题予以解决;可以是对未来进行展望,号召更多的人参与到与调查主题相关的活动之中。此外,这一部分的写作应该简洁有力、干净利落。当然,在调查报告的正文将内容表述完整的情况下,也可以不写结尾。

⑥成文日期

调查报告的成文日期直接写在正文后,如果署名在正文后,则成文日期写在署名之下,并将年、月、日标全。

(2)调查报告的写作注意事项

在写作调查报告时,除了要遵守上面的写作格式,还要特别注意以下几个方面。

第一,在写作调查报告时,要注意广泛地搜集材料,并要对材料进行分析与判断,筛选出真实且最为合理的材料。另外,所选择的写作材料要能够将调查的整体情况反映出来。

第二,在写作调查报告时,要注意叙议结合,并要注意用典型素材说明观点、用反面材料衬托观点,用不同的材料反复论证观点、用精确的对比突出观点,以实现观点和材料的统一。

第三,在写作调查报告时,要使用准确而精练的语言,并要保证语言的通俗性,以便被人们更容易地理解与执行。此外,调查报告的语言还需要规范、严谨,以发挥其宣传教育的作用。

第四,在写作调查报告时,无论篇幅长短,也不论采用哪种结构方式,都要注意层次分明,逻辑清楚。

（三）总结的写作技巧

1. 总结的基本认知

总结是国家机关、企事业单位、社会团体和个人对前一段实践活动进行回顾、检查、分析和评价，从实践中得出经验教训和规范性认识，以指导今后实践而写成的应用文书。经常进行总结，可以及时发现工作中的优势与不足，继而发挥优势、弥补不足，推动工作不断取得成效。

（1）总结的特点

总结的特点，具体来说有以下几个。

①客观性

总结的客观性特点指的是在进行总结时，要以事实为依据，真实反映工作状况，不虚美、不隐恶。只有这样，才能通过总结了解工作中取得的成绩，发现工作的失误或不足，继而吸取经验教训，在今后更好地开展工作。

②自述性

总结是以第一人称写作的，作者是本人或本单位，内容是本人或本单位针对自身实际情况的客观论述。因此，自述性也是总结的一个鲜明特点。

③广泛性

在人们的日常生活与工作中，总结的应用是十分广泛的。此外，在进行总结时，若是头绪较多或工作比较繁复，则可以采用"条块分割"的方法来进行总结，以确保总结内容的全面性。

（2）总结的种类

总结依据不同的标准可以分为不同的类型，下面介绍几种常见的分类方式。

第一，以范围为依据，可以将总结分为个人总结、部门总结、地区总结等。

第二，以时间为依据，可以将总结分为月度总结、季度总结、年度总结等。

第三，以内容为依据，可以将总结分为专项总结和全面总结两类。

第四，以写作形式为依据，可以将总结分为条文式总结、表格式总结和条文表格结合式总结等。

2.总结的具体写作技巧

（1）总结的写作格式

总结通常由以下三个部分构成。

①标题

在写作总结时,标题是必须要有的。一般来说,总结标题的写法有以下几种。

第一,机关名称＋时限＋事由＋文种,如"××公司2021年工作总结"。

第二,时限＋事由＋文种,如"2021年工作总结"。

第三,机关名称＋事由＋文种,如"××社区管理委员会工作总结"。

第四,正题＋副题,即正题明确了文章主题,副题表示文章种类。比如,"拓展与融合的道路——留学生教学实践活动总结"。

②正文

总结的核心是其正文,通常由以下几部分组成。

第一,引语。在这一部分,要简单地说明是什么样的任务或工作。

第二,主体。在这一部分,应包括基本情况、经验和不足等三方面的内容。其中,基本情况是说明"做了什么"和"做得怎样",可以介绍工作背景、取得的成绩以及简要评价；经验是介绍"如何做的",把工作过程中采用的好的方法、手段介绍出来。这个部分应是总结的重要内容；不足应提出存在的问题和改进意见,这对于下一阶段工作的顺利开展具有积极意义。

第三,结尾。在这一部分,应用简短、坚定的语言,表明工作信心和努力方向,以收束全文。此外,在这一部分可以用"总之""总而言之"等习惯词语开头。

③落款与成文日期

落款是指总结发文机关的签署,在正文的右下方标署。总结的落款没有严格规定。若标题中已写明总结的作者,后面就不必再署名。对于总结的成文日期,其位置比较灵活。如果有落款,应写在落款之下；如果没有落款,可直接写在正文之后,也可写在标题之下,正文之上。

（2）总结的写作注意事项

在写作总结时,除了要遵守上面的写作格式,还要特别注意以下几个方面。

第一,在写作总结时,要全面掌握情况,注意实事求是地反映情况,不能有半点虚假或是夸大的成分。只有这样,才能了解真实的工作情况,总结的作用也才能够真正发挥出来。

第二,在写作总结时,要注意对材料进行深入的分析与研究,并以此为基础来探寻规律。若只是记"流水账"一样罗列材料,或一味地就事论事,写出的总结对今后工作的指导意义不大。

第三,在写作总结时,要合理地取舍内容,并要注意突出重点,避免面面俱到、泛泛而谈。

第四,在写作总结时,要注意写出自身的特色。从内容方面来看,无论是写成绩,还是写问题,也无论是写经验,还是写教训,都应带有一定的个性色彩,要把真正属于自己的东西反映出来。只讲共性,不讲个性,总结的质量并不会太高。

(四)演讲稿的写作技巧

1. 演讲稿的基本认知

演讲稿是在比较隆重或公开的场合发表讲话的文字稿。演讲稿有着很强的实用性,不仅有助于演讲者对演讲的思路进行整理,还有助于对演讲者的演讲内容进行提示、对演讲者的演讲速度进行限定等。此外,演讲稿能够帮助演讲者对演讲语言进行修饰,以便能够对听众的聆听进行引导,使观众更好地对演讲内容进行理解。

(1)演讲稿的特点

演讲稿的特点,具体来说有以下几个。

①现实性

演讲稿是为了对一些观点或态度进行说明,而这些观点或态度通常与现实生活有着密不可分的关系。也就是说,演讲稿中所讨论的问题,都是人们在现实生活中十分关心的问题。演讲稿的观点要从现实生活中总结而来,其材料自然也要来自现实生活,以便能够解决现实生活中的问题。

②说服性

人们进行演讲,目的是让听众认可或同情自己的观点或态度。而要实现这一点,要求演讲者要有极强的说服力和感染力,同时演讲的内容要尽可能面向大范围的听众。因此,在写作演讲稿时,要确保其具有良

第四章　事务应用文写作实训研究

好的说服力和感染力,否则很难实现演讲的目的。

③情景性

演讲的目的、场合、听众等不同,为其所写作的演讲稿自然也要有所不同。也就是说,在写作演讲稿时,要确保其与特定的演讲情景相符合。

④时间性

大众化的演讲,以短时间居多。当然,也有不少长时间的演讲,如孙中山的《三民主义》演讲,但相对较少。此外,不同时代的演讲需要体现那个时代的声音,切中时代的脉搏。

⑤口语化

演讲稿是为了讲话而写的,目的是吸引听众,引起听众的关注与认可。因此,在写作演讲稿时要尽可能使用口语化的语言,以便听众能够切实明确演讲的内容,继而对其产生认同感。

⑥艺术性

演讲不但具有统一的整体感、协调感,而且富于变化,这使得演讲带上某些艺术色彩,具有吸引人的魅力。因此,艺术性也是演讲稿的一个鲜明特点。

（2）演讲稿的种类

演讲稿依据不同的标准可以分为不同的类型,下面介绍几种常见的分类方式。

第一,以演讲的主体为依据,可以将演讲稿分为个人型演讲稿和组织型演讲稿两类。

第二,以演讲稿的内容为依据,可以将演讲稿分为政治演讲稿、经济演讲稿、文化演讲稿、科技教育演讲稿等。

第三,以内容的详略为依据,可以将演讲稿分为内容详细的文章式演讲稿和内容简略的提纲式演讲稿两类。

第四,以演讲的场所为依据,可以将演讲稿分为会议演讲稿、宴会演讲稿、战地演讲稿、广播电视演讲稿、法庭演讲稿等。

第五,以表达方式为依据,可以将演讲稿分为叙事型演讲稿、抒情型演讲稿和议论型演讲稿。其中,叙事型演讲稿依托对某事的叙述介绍来阐述观点或抒发情感。抒情型演讲稿主要借助对人、事、景、物的描写来抒发自身情感,也可直抒胸臆,语言运用更接近散文的要求。议论型演讲稿多从正面阐述事理或反驳某种观点,通过立论或驳论的方式,针对正面或反面论点,进行逻辑论证,语言运用要求简洁明快。

2. 演讲稿的具体写作技巧

（1）演讲稿的写作格式

演讲稿通常由以下四个部分构成。

①标题

在写作演讲稿时，标题是必须要有的。一般来说，演讲稿标题的写法有以下几种。

第一，阐述式标题，即标题直接阐明内容，如"谈职业道德与责任"。

第二，主题式标题，即标题是对主题的概括，如"弱者，你的名字不是女人"。

第三，提问时标题，即标题提出问题，如"幸福的真谛是什么"。

②称呼

在写作演讲稿时，称呼也是必须要有的一项内容。演讲稿的称呼并不是固定的，需要根据听众的身份而定。另外，演讲稿的称呼不宜过细，但要保证得体，以便在引起听众注意的同时，使听众感到亲切。"亲爱的老师和同学们""尊敬的女士和先生们"等都是常见的演讲稿称呼。

③正文

演讲稿的核心是演讲稿的正文，通常由以下几部分组成。

第一，开头。"好的开头是成功的一半"，因此在写演讲稿时，必须要写好开头。好的开头能够迅速吸引听众，确保整场演讲的成功。演讲常用的开头方式，主要有开门见山式，即一开始就揭示主题或阐明内容，开宗明义，使听众的注意力立刻集中到演讲的主题上来；引用式开头，即引用名人名言、格言警句等开头，以唤起听众的兴趣；提问式开头，即一开始就向听众提出问题，引起听众的思考；陈述式开头，即一开始陈述动人的情节或新奇的事物，使听众尽快进入演讲的氛围之中。不论哪种开头方式，都是为此吸引听众，使其立即了解演讲主题、引入正文、引起思考等。

第二，主体。演讲稿的质量，在很大程度上取决于主体部分的书写情况。因此，必须要重视主体部分的写作。在写作这一部分时，要写得丰满充实，而且要有重点、有层次、有中心语句，保证层次清楚、逻辑严密。通常而言，可以按照时间顺序、并列关系、因果逻辑关系、事情的变化发展顺序等来安排主体部分的层次结构，既可以逐层深入，也可以先抑后扬，还可以前后对比等。

④结尾

这一部分是演讲内容的收束,承担着对演讲主题进行深化的目的。因此,这一部分也被认为是整个演讲中最精彩、最高潮的部分。演讲的结尾需要精心设计,而且可以运用归纳法、引文法、反问法等来结尾。其中,归纳法结尾就是用一两句话对演讲的中心思想和主观观点进行概括;引文法结尾就是通过引用名言警句、诗词等来对演讲的主题进行升华,或是引发听众的思考;反问法结尾就是以问句引发听众思考和对演讲者观点的认同。不论采用哪种结尾方法,都要注意简洁、有力。

(2)演讲稿的写作注意事项

在写作演讲稿时,除了要遵守上面的写作格式,还要特别注意以下几个方面。

第一,在写作演讲稿时,要提前对听众进行了解,包括听众的年龄、性格、文化水平、职业特点等,并切实以听众的心理、愿望等为依据来确定演讲的主题,以引发听众的共鸣。另外,一篇演讲稿最好只有一个主题,在有限的时空内,综合运用语言和手势等,使听众能够认可演讲者的观点。

第二,在写作演讲稿时,要收集尽可能多的资料在佐证演讲主题,而且所收集的材料要通俗易懂,并具有一定的典型性。此外,要借助于材料对演讲主题进行反复铺陈,将主题说细、说深、说透。只有这样,演讲者的观点才能被尽可能多的听众所认可和接受。

第三,在写作演讲稿时,要对结构进行合理安排,做到前后贯通、思路清晰、跌宕起伏、扣人心弦。

第四,在写作演讲稿时,要注意运用多样化的表达手段,以增强演讲效果。寓理于事、设问、反问、排比、反复等都是写作演讲稿时常用的表达手段。

第五,在写作演讲稿时,要注意使用通俗、形象、生动的语言,同时要注意采用群众熟悉且较为严谨、规范的口头语言,以吸引听众的注意。若是写得太文绉绉,口头演讲时就显得十分别扭。

(五)求职信与简历的写作技巧

1. 求职信的写作技巧

(1)求职信的基本认知

求职信是求职者为求得某一职位而向用人单位进行自我推销的专

用文书。在求职信中,求职者会对自身情况进行详细说明,包括自身的学识、才能、精力等,同时会表明自己的求职愿望,以期获得面试或面谈资格,最终获得所求的职位。

①求职信的特点

求职信的特点,具体来说有以下几个。

第一,针对性。求职者写作求职信的根本目的,就是让用人单位认识、了解自己,继而在众多的求职者中选择录用自己。因此,求职者在求职信中需要对自己进行适度且有针对性的表现,特别是自身的优势要充分展现在用人单位面前。

第二,自荐性。求职者并不认识用人单位,用人单位也不了解求职者。在这种情况之下,求职者要让用人单位认识和了解自己,就需要在求职信中进行自我介绍和自我推荐。从这一角度来看,求职信具有自荐性特点。

第三,简明性。在当前的时代,人们形成了越来越强的时间意识。因此,用人单位花在看求职信上的时间是有限的。因此,求职信要尽可能简明扼要,用最简洁、准确的语言展示出自身尽可能多的才华。只有这样,求职信被用人单位选中的可能性才会大大增加。

②求职信的种类

一般来说,求职信可分为自荐信和应聘信两种类型。

自荐信是指在不知道用人单位是否聘用人的情况下写的询问性求职信,如大学生临毕业时写的"投石问路"的求职信件。这种求职信属于非应聘式求职信,可以投送一个单位,也可以同时投送若干个单位。求职者会向自己感兴趣的单位投送求职信,主要内容是介绍自己的专业、能力、特长和求职意向。在撰写此类求职信时,要考虑自己的专业特长是否在用人单位有用武之地。

应聘信是指在用人单位公开招聘的情况下写的求职信。应聘信求职的针对性较强,一般要针对应聘岗位所限定的求职者的年龄、工作经历、工作经验、专业去撰写。不考虑这些限定条件,一味地在求职信中畅谈自己的优势,那么求职信写得再好也无济于事。

(2)求职信的具体写作技巧

①求职信的写作格式

求职信通常由以下六个部分构成。

第一,标题。求职信一般以"自荐信"或"求职信"三字为标题,位于首页首行正中。

第二，称呼。在标题下一行书写称呼。求职信如果是写给单位的，则直接写明单位全称即可。如果是写给单位具体负责人的，一般称呼其职务。如果没有特指，直接称呼"尊敬的领导"即可。称呼顶格书写，以示尊敬和礼貌。称呼之后用冒号，然后另起一行，空两格，写上问候语"您好"。

第三，正文。求职信的正文由开头、主体、结尾三部分组成。其中，开头写求职、应聘的缘由。可以开宗明义，直截了当说明求职意图。也可以说明自己看到用人单位的招聘信息，意欲应聘的想法。开头部分的表述要简明而富有吸引力，从而吸引对方看完求职材料。主体是求职信的重点部分，写作内容通常包括个人的基本情况、学习情况、工作能力及思想素质等。如果是在职转岗求职者，则应重点突出自己的工作经历和工作成绩等。这一部分是求职信的重要内容，求职者要针对用人单位在征招信息中提到的用人要求具体介绍自己，全面展示自己的亮点，使用人单位意识到你是他们需要的最佳人选。在这一部分，还要写明被聘后的打算。这部分应重点突出，言简意赅，语气自然。在结尾，应以诚恳的态度进一步强调自己求职的愿望，希望早日得到明确的回复。这一部分要注意用语得体、恰当，掌握好分寸。

第四，祝颂语。在求职信中，祝颂语并不是必须要有的，要根据具体的事由以及时间等来决定是否写祝颂语。若需要写，则必须要写得得体，否则会让对方感觉求职者缺乏修养或是不懂规矩。此外，祝颂语要尽可能简洁，简单的一两个词语即可，如祝"工作顺利"。

第五，落款。这一部分写求职人的真实姓名、联系地址、邮政编码、电话号码。

第六，附件。附件部分是附在信末用以证明或介绍自己具体情况的书面材料的复印件。它可以包括学历证书、学位证书、获奖证书、各科成绩登记表、职业资格证书、发表的文章、专家或单位提供的推荐信或证明材料。证明材料应有证明单位或者负责人的签名和盖章。

②求职信的写作注意事项

在写作求职信时，除了要遵守上面的写作格式，还要特别注意以下几个方面。

第一，在写作求职信时，内容应尽可能精简，条理要清晰，而且篇幅不宜太长。

第二,在写作求职信时,应按照求职信的基本要求和格式,做适度的自我推销。也就是说,要在求职信中有针对性地、恰如其分地突出自己的关键性经历、最好的成绩、最重要特长以及自己的愿望、心情和信心等。在自我推销时要做到稳妥适当、不卑不亢,表现出热情、自信、积极的态度。

第三,在写作求职信时,要实事求是,不能弄虚作假。

2. 简历的写作技巧

(1)简历的基本认知

简历是对个人学历、经历、特长、爱好及其他有关情况向用人单位作简明扼要地书面介绍的专用文书。简历是个人形象,对于求职者而言是必不可少的一种应用文。一份好的简历能使求职者获得面试的机会,有助于其求职成功。

①简历的特点

简历的特点,具体来说有以下几个。

第一,目的性。简历是为了获得某一工作岗位而写的,因而具有鲜明的目的性。若简历的写作目的是求职,那么在具体写作中需要详细介绍自己的学历、学习情况、取得的成绩以及专业特长等;若简历的写作目的是职称晋升,那么在具体写作中需要对自己的现任职位以及在任职期间所取得的工作实绩、所获得的科研成果以及所具备的工作、科研能力与水平等进行详细阐述。

第二,简明性。简历一般简明扼要,让用人单位在较短的时间之内能够看完,并且留下深刻的印象。

第三,客观性。在写作简历时,所有的内容都必须实事求是,切不可弄虚作假。否则即使获得了职位,在工作中也很容易暴露出自己的不足。

第四,通俗性。在写作简历时,要尽可能使用通俗易懂的语言。若是简历中存在很多的生僻字词,则会影响用人单位的阅读速度和阅读耐心,继而影响自己的求职结果。

②简历的种类

通常而言,可以将简历细分为以下两种类型。

第一,通用式简历。对于初入职场的求职者来说,可以采用这种简历形式进行求职。在写作这一类简历时,求职者可以按照时间顺序对自己的教育背景进行简要阐述。求职者若是有工作经历,则可以以时间为序对自己的工作经历进行简单罗列；若是没有工作经历，则可以写一下自己的实习经历。通用式简历的适用范围是比较广的，但不具备较强的针对性，因而多适用于刚刚毕业或是工作经验少的求职者。

第二，功能式简历。对于有着较为丰富工作经验的求职者来说，可以采用功能式简历进行求职。在写作这一类简历时，求职者要将写作的重点放在目标职位所要求的工作资质、工作技能以及工作能力等方面。也就是说，简历中所呈现的内容要尽可能与目标职位的要求相符合，同时要注意展现求职者的工作业绩。很明显，功能式简历有着较强的针对性，只能用于某一行业经验丰富的求职者。若是求职者做过多种职业，且每一种职业都有一定的经验，则可以在"工作经历"部分按照职业类别分别予以列出，但要注意突出与所求职业和岗位相关的工作经验。

（2）简历的具体写作技巧

①简历的写作格式

简历通常由以下四个部分构成。

第一，基本情况。一般包括求职者的姓名、性别、出生日期、身高、民族、籍贯、政治面貌、婚姻状况、身体状况、兴趣爱好、联系方式等。求职者也可根据要应聘岗位的实际情况对上述要素作出合理的取舍。

第二，教育背景。一般按时间顺序列出小学至获得最高学历的院校，然后是学过专业的主要课程（可把详细成绩单附后），还可注明所获荣誉和成就以及所参加的各种专业知识和技能培训等。

第三，工作（实践）经历。求职者在具备一定工作经验的情况下，可以对自己的工作经验进行简要介绍。在这一部分，最好按照时间顺序对任职的公司、职位、职责、工作性质和时间以及工作中取得的成绩等进行介绍。对于还未毕业或是刚刚毕业的大学生来说，由于缺少工作经验，可以在这一部分写明自己在校期间的一些社会工作经历，如实习经历、参与的志愿者活动、参加的学生社团以及在社团中担任的职位等。需要注意的一点是，在工作（实践）经历这一部分，不可出现与应聘岗位无关的经历。

第四，求职意向。其表明求职者希望通过求职得到什么样的工种、职位以及奋斗的目标。这一部分的内容一定要简明扼要。

②简历的写作注意事项

在写作简历时，除了要遵守上面的写作格式，还要特别注意以下几个方面。

第一,在写作简历时,要注意突出自己的闪光点,这是自身能力最有力的证据。

第二,在写作简历时,要简洁明了,将有实质性的东西展示给用人单位看即可。

第三,在写作简历时,要本着实事求是的态度,实事求是。

第四,在写作简历时,要分条列项,明了清晰。

(六)述职报告的写作技巧

1. 述职报告的基本认知

述职报告在某种角度来说,就类似于总结。它是各类机关工作人员特别是领导干部在工作期间,对自己在一定时期内的工作情况以及工作中出现的问题采取的解决方法等进行汇报的一种书面报告。在对各类机关干部进行管理与考核时,经常会用到述职报告这一种文体。

(1)述职报告的特点

述职报告的特点,具体来说有以下几个。

①自评性

述职报告的写作者需要以自身所在的岗位以及岗位所要求的职责、规范等为依据,对自己在任职期间的各方面表现进行自我评定。在这一过程中,要注意实事求是地进行自我评定,切不可夸大自己的工作成绩,也不能隐瞒自己工作能力的不足以及工作中出现的失误等;要注意从具体的事件出发进行自我评定,以增强可信性;要注意对自己未来的工作走向进行明确,这影响着今后工作的方向以及工作的成绩等。

②自述性

述职报告的写作者需要在报告中对自己一段时间内的职责履行情况进行真实地自述。基于此,在写作述职报告时应采用第一人称,运用自述的方式,如实地阐明自己在工作中取得的成绩,包括自己所作的具体工作、工作的效益与成绩、工作中存在的问题以及未来的工作重点等。

③报告性

述职报告的这一特点指的是述职报告的写作者必须明确自己的身份,即被考核、被监督的身份。为此,在具体的写作过程中,内容要严肃而庄重,还要注意全面地展现自己、剖析自己的工作情况,以便组织和群众能够更深入地了解自己,继而对自己以及自己的工作情况进行评审。

第四章　事务应用文写作实训研究

此外,述职报告的语气要谦逊、诚恳,并要保证内容的真实性和准确性。

④规定性

述职报告的这一特点指的是在写作述职报告时必须遵守相关的规定。一般来说,述职报告所涉及的面是比较窄的,是述职者针对自己在一定任职期间的工作情况展开的阐述,目的是审视自己的工作能力、工作政绩等。

（2）述职报告的种类

述职报告依据不同的标准可以分为不同的类型,下面介绍几种常见的分类方式。

第一,以内容为依据,可以将述职报告分为综合性述职报告和单项工作述职报告两类。

第二,以时间为依据,可以将述职报告分为任期述职报告、年度述职报告和临时述职报告三类。

第三,以性质为依据,可以将述职报告分为例行述职报告和晋职述职报告两类。

第四,以表达形式为依据,可以将述职报告分为口头述职报告和书面述职报告两类。

2.述职报告的具体写作技巧

（1）述职报告的写作格式

述职报告通常由以下三个部分构成。

①标题

在写作述职报告时,标题是必须要有的。一般来说,述职报告标题的写法有以下两种。

第一,职务＋时间＋文种构成,如"××市教育局办公室主任2021年度述职报告"。

第二,职务＋文种,如"××××学校教导主任述职报告"。

第三,时间＋文种,如"2020～2021年度述职报告"。

第四,只标明文种"述职报告"。

第五,正标题＋副标题,如"做学生的良师益友——我的述职报告"。

②正文

述职报告的主体是报告的正文,通常由以下几部分组成。

第一,开头。在这一部分,要写明岗位职责、指导思想,还要注意概括自己的工作情况,并对其进行简要评价。此外,这一部分的内容用一个自然段阐述清楚即可。

第二,主体。在写作这一部分时,既要写明主要的工作情况,也要写明工作中出现的问题以及所获得的经验教训的。这一部分的写作必须要具体,而且要实事求是、有理有据。此外,为了保证这一部分行文的清晰性或逻辑性,可以采用分条列项的写作形式,以确保各个方面的工作情况都能得到体现。

第三,结尾。述职报告可以有结尾,也可以没有结尾。若是写作结尾,基本内容可以是自己今后的工作打算,也可以是自己的一些工作体会或是对自己的一个基本评价等。常用的结束语是"特此报告""专此述职"等。

③落款与成文日期

要在正文的右下方签署姓名。而述职报告的成文日期通常位于署名之下,并将年、月、日标全。

(2)述职报告的写作注意事项

在写作述职报告时,除了要遵守上面的写作格式,还要特别注意以下几个方面。

第一,在写作述职报告时,对工作实绩的描述必须要真实,而且要注意用具体、客观的材料对其进行说明。此外,在述职报告中不可隐瞒自己在工作能力方面存在的不足,而且在写自己今后的工作打算时必须实事求是,不可弄虚作假、自我吹嘘。

第二,在写作述职报告时,必须客观、公正地进行自评;在对工作成绩与工作中出现的问题进行阐述时,既要理直气壮地将成绩写出来,也要勇于承认自己的工作失误;在阐述工作成绩时,既要肯定集体的力量,也要阐明自己的作用,既不能将工作成绩全部归于集体,也不能将工作成绩全都归于自己,必须对此进行实事求是的阐述。

第三,在写作述职报告时,要明确表述的重点,即不可将所有的工作情况和工作经验教训等都写入报告之中,要尽可能写能够展现自己工作实绩的事件和经验教训等。另外,述职报告中的所有内容都必须有理有据,充实具体,还要体现出述职者的个性,即写作述职报告时不可千篇一律。

第四,在写作述职报告时,要尽可能融合多种写作方式,如叙议结合等。这样写既能够使报告显得灵活,也可以使报告更具有说服力。

第四章　事务应用文写作实训研究

（七）简报的写作技巧

1. 简报的基本认知

简报是机构或团部内部专用的一种情况报告，其既具有新闻性质，而且以简要报告为主。

（1）简报的特点

简报的特点，具体来说有以下几个。

第一，简明扼要。通常来说，简报的篇幅是比较短小的，因而所涉及的内容要明确精炼，语言简洁。

第二，实事求是。这是简报的精髓，即简报中的内容都必须真实、准确，坚决反对虚假、浮夸。

第三，及时快捷。简报要及时反映工作动态，提供最新讯息。

第四，沟通性。简报的沟通性特点是针对其内容而言的，即不相隶属的机关可以借助于简报来进行工作商洽，或是对问题进行询问与答复等。

（2）简报的种类

一般来说，简报以内容为依据，可以分为以下几类。

第一，常务简报。这一类简报主要是对本单位的日常工作情况进行报告，而且需要在规定的时间内进行编发。对于政府机关、企事业单位、社会团体等来说，在交流一些常规性的情况时，可以运用常务简报。

第二，动态简报。这一类简报主要是对本单位的一些动态信息进行报告，其编发可以是定期的，也可以是不定期的。

第三，专题简报。这一类简报主要是对某一时期的中心工作或重点工作的开展情况进行报告。

第四，会议简报。这一类简报主要是对会议的开展情况进行报告，目的是对会议信息进行及时交流。

2. 简报的具体写作技巧

（1）简报的写作格式

简报有多种类型，但不同类型的简报在写作结构方面有一些共通之处，主要由以下四个部分组成。

· 133 ·

①报头

在这一部分,需要写明简报的名称,其应位于简报的第一页,且要位于上方居中的位置,还可以采用较大的字体,以引起关注;需要写明简报的期号,其应位于简报名称的正下方,可以按照年度来排列期号,也可以标注总期号;需要写明简报的编发单位,其名称应写全,且要写在期号的左下方;需要写明简报的发行日期,需要写全年、月、日,且要写在期号的右下方。

②标题

通常来说,简报要有一个标题。简报的标题应直接点明主题,且要平实、醒目。此外,简报的标题可以是单行标题也可以是双行标题,但最常用的是单行标题。简报若是有一定的保密等级,还需要在简报名称的左上方标明保密等级。

③正文

简报的正文是由两部分构成的,具体如下。

第一,导语。其需要用简洁的语言概括出最主要的事实。

第二,主体。其需要围绕主题,简明扼要地对具体的观点进行阐明,或是对具体的事实进行说明、对具体的经验进行介绍等。

④报尾

简报的报尾通常要包含三部分的内容:一是简报需呈报的上级单位;二是简报要送往的同级单位或不相隶属的单位;三是简报要发放的下级单位。若以上三部分是固定的,又要临时增加发放单位,则需要标明增发的单位。此外,简报的报尾还应标明每一期的印刷份数,以便于后期进行查对。

(2)简报的写作注意事项

在写作简报时,除了要遵守上面的写作格式,还要特别注意以下几个方面。

第一,在写作简报时,必须要精心地挑选写作材料。简报的篇幅通常是比较短小的,为了在有限的篇幅内呈现尽可能多的信息量,就需要对写作材料进行精心选择,确保所写入的信息具有典型性,且能够对问题进行最恰当的说明、对事物的本质特征进行揭示、对事物的发展趋势进行阐明等。凡是与简报主题不相关或是相关性不大的材料,最好不要写入简报之中。

第二,在写作简报时,必须以真实性为原则,确保所有的内容都是客观事实,不存在弄虚作假的成分。只有做到这一点,才能保证简报的现实意义。

第三,在写作简报时,必须考虑到其时效性。简报作为一种以新、快著称的机关文书,需要对工作中出现的新问题、新情况进行及时、快速地反映,以便为机关领导的决策或是制定解决问题的举措提供有力的支持。为此,简报中的内容必须具有时效性,否则无法保证简报的现实意义。

第四,在写作简报时,必须突出一个"简"字。一般来说,简报的字数不超过 1000 字,当然,某些特殊情况下可以适当增加简报的字数。但总体上来说,简报都是简明扼要的,为此,写作的过程中,要注意对观点进行提炼,做到用语精当。

(八)倡议书的写作技巧

1. 倡议书的基本认知

在日常生活中,倡议书的使用也是较为频繁的。倡议书是对某项活动或某种做法予以公开提倡,并积极鼓动人们响应的一种事务性文书。倡议书面向的是广大的人民群众,目的是引导较大范围内的群众共同参与到一些有益于社会发展的事务或公益活动之中。

(1)倡议书的特点

倡议书的特点,具体来说有以下几个。

①群众性

倡议书的群众性特点指的是倡议书的倡议对象并不是某一个具体的人、单位或集体,而是广大的人民群众。因此,倡议书通常有着极为广泛的群众基础,有可能引发一定的社会热潮。

②不确定性

倡议书是针对广大的人民群众而发出的,但具体是哪些群众并没有标明。此外,倡议书中就算表明了具体的倡议对象,倡议对象也可以选择是否对此进行响应,同时一些不在倡议对象范围内的群众团体也可能对倡议予以响应。

③公开性

倡议书的目的是对倡议的内容进行广而告之,以便更多的人能够响应倡议的内容。因此,公开性也是倡议书的一个重要特点。

（2）倡议书的种类

倡议书以其倡议者为依据,可以细分为两类,即个人发起的倡议书和集体发起的倡议书。

2. 倡议书的具体写作技巧

（1）倡议书的写作格式

倡议书通常由以下四个部分构成。

①标题

标题常由倡议内容加"倡议书"或倡议对象加"倡议书"构成,如《关于开展向英雄徐洪刚学习活动的倡议书》《致全市中学生的倡议书》。有时也可只写"倡议书"。

②称呼

称呼即发出倡议的对象。有的倡议对象较为广泛,可省略不写;若是单一的倡议对象,必须写明。

③正文

一般来说,在写作倡议书的正文时,首先要写明倡议的背景或理由,还需要阐明倡议的目的以及倡议内容完成后可产生的具体意义,这一部分的写作为的是引起群众对倡议的重视,并使群众明确响应倡议的重要性。之后,需要写明具体的倡议内容与要求。需要注意的是,倡议内容必须是具体的,包括具体的活动以及展开方式、活动要求、活动的意义等都必须一一阐明。为了能够使群众更清晰地把握倡议内容,可以将其分条列项写明。

④落款

在正文右下方注明倡议者或倡议单位以及倡议日期。若倡议者较多,可依次排列。

（2）倡议书的写作注意事项

在写作倡议书时,除了要遵守上面的写作格式,还要特别注意以下几个方面。

第一,在写作倡议书时,必须要有充分的倡议理由和明确的倡议目的,还可以写明倡议的对象。

第二,在写作倡议书时,必须要写明具体的倡议内容,而且倡议内容必须是对国家、社会或他人有益的,能够促进社会新风尚形成的,且具有一定先进性和可行性的。

第四章 事务应用文写作实训研究

第三,在写作倡议书时,必须要确保倡议的内容能够将多数人的意愿反映出来,以确保倡议能够获得较为广泛的群众基础。

第四,在写作倡议书时,必须要使用具有感染性和鼓动性的语言,以吸引更多的群众参与到倡议活动之中。

第五章　法律应用文写作实训研究

解决纠纷时,常用的法律途径有两种:一种是向人民法院提起民事诉讼请人民法院判决;另一种是向约定的仲裁机构申请仲裁由仲裁机构裁决。而不论采用哪一种途径来解决法律纠纷,都需要出具书面文书,即法律文书。法律文书是审判机关、仲裁机构法律活动顺利进行和正确实施的依据和保证。同时,法律文书属于法律应用文的范畴,本章中将对法律应用文及其写作的相关知识进行详细阐述。

第一节　法律应用文的概念与分类

一、法律应用文的概念

法律应用文是一种实务应用文,指的是公安机关(包括国家安全机关)、人民检察院、人民法院、监狱公证机关、仲裁机关以及案件的当事人或律师依法制作的具有法律效力和法律意义的各种文书的总称。法律应用文所调整和研究的对象是法律事实的确认与法律的适用,因而其具有很强的法律专业性。

二、法律应用文的分类

法律应用文依据不同的标准,可以分为不同的类别。这里介绍两种常用的法律应用文分类方法。

第五章　法律应用文写作实训研究

（一）以制作主体为标准进行分类

以制作主体为标准，可以将法律应用文分为以下两类。

1. 司法应用文

司法应用文是公安机关（包括国家安全机关）、人民检察院、人民法院等按照法律规定诉讼程序制作的具有法律效力的法律应用文，如公安机关的刑事法律文书、监狱法律文书、仲裁文书等。

2. 诉讼应用文

诉讼应用文是由诉讼当事人（公民以及机关、团体、企事业单位）制作的，在司法机关认可或采证之后才可以发生法律效果，如控告信、检举信、刑事诉状、民事诉状、答辩状、申诉执行书等。

（二）以写作和表达方式为标准进行分类

以写作和表达方式为标准，可以将法律应用文分为以下几类。

1. 文字叙述式法律应用文

文字叙述式法律应用文是指依据格式直接用文字叙述的法律应用文，如起诉意见书、起诉书、抗诉书、判决书、裁定书、调解书、诉状、辩护词、代理词等。

2. 表格式法律应用文

表格式法律应用文是以需要填写的表格形式出现的法律应用文，如罪犯入监登记表、罪犯出监鉴定表、罪犯奖惩审批表等。

3. 填空式法律应用文

填空式法律应用文是在已有格式和内容上填写有关空白，如批准逮捕决定书、批准直接受理决定书等。

4. 笔录式法律应用文

笔录式法律应用文虽然制作的机关不同，但格式相对固定、统一，有着一些共同的要素。

第二节　法律应用文的特征与作用

一、法律应用文的特征

与其他文种的应用文相比,法律应用文具有以下几个鲜明的特征。

（一）合法性

法律应用文的合法性指的是各种法律应用文都必须依法制作,这是法律应用文写作的一个重要前提。法律应用文的这一特点,主要是通过以下几个方面体现出来的。

第一,法律应用文要按照法定的程序进行制作。我国有刑事诉讼法、民事诉讼法、行政诉讼法,它们对各类案件的诉讼程序都有明确的规定和要求,如在某个诉讼程序中应该由哪个机关制作何种法律文书,某种法律文书的基本内容是什么,以及提交、移送、宣布和送达法定的期限等。必须依据程序法的规定,由特定的主体按照规定的程序制作相应的文书,不能任意制作。

第二,法律应用文要依据相关的实体法进行制作。绝大多数法律应用文是解决实体问题的载体。对于司法机关,制作法律文书,为当事人解决具体的矛盾和纠纷,必须恪守"以事实为根据,以法律为准绳"的原则,无论是对事实的叙述、理由的分析和论证,还是得出的结论,都必须符合实体法的规定,不能歪曲法律;对于公民、法人或其他组织作为当事人,在诉讼活动中提交的诉状,无论是提出诉讼请求还是阐述事实和理由,都必须于法有据。公证机关和仲裁机关办理非诉讼事项,处理争议案件,凡涉及实体问题,也要正确适用实体法。

第三,法律应用文的制作应注意履行法定的手续。法律应用文在提交、移送、拟稿、审核、签发、宣布、送达等具体环节上还必须履行法定的手续。如果不履行法定的手续,则所制作的法律应用文就失去了它的有效性。

第五章 法律应用文写作实训研究

（二）实效性

法律应用文是为了解决一定的法律问题而制作的，因而具有时效性特点。法律应用文不是泛泛的宣传、不是空洞的说教，它所要解决的问题都是明确具体的，具有很强的针对性。它关系到诉讼当事人诉讼权利的行使和义务的履行，关系到特定人的人身自由、荣辱祸福、生杀予夺，关系到人身关系的维持和改变，关系到财产关系的稳定或转移。而且，法律应用文是具体实施法律的结果，它同法律一样，其实效性是以国家强制力为后盾的，主要表现在两个方面：一方面，法律应用文一经制定生效，任何机关、单位和个人都必须执行或者认可，不得违抗，否则就要承担相应的法律后果；另一方面，法律应用文一旦发生法律效力，不得由其他文书所取代，如果发现法律应用文在认定事实或适用法律上确有错误，或者在审判程序上有重大违反，只能经有关机关复核审定，才能依法变更或撤销，其他任何机关、单位和个人都不得予以变更或撤销。

（三）规范性

法律应用文的规范性是针对其形式而言的，目的是体现出法律的严肃性。法律应用文的这一特点，主要是通过以下几个方面体现出来的。

第一，法律应用文要有规范的格式。制作法律应用文应依据规定的格式，随着我国法律制度的逐步健全和完善，我国公、检、法、司各机关分别对本部门的法律文书的格式不断修订和完善。这些格式都力求体现我国社会主义法制特色，遵循简便、实用、易行的原则，并且具有权威性、科学性、规范性。制作某一个法律应用文，首先要把握其规定格式，必须遵循格式制作，否则就不符合要求。

第二，法律应用文要有规范的结构。法律应用文大多都具有固定的结构，尽管不同的法律应用文的篇幅长短不同、也有不同的段落层次，但从其结构来分析，一般都可分为首部、正文、尾部三部分，而正文部分，则是由事实、理由和处理结果三要素组成。当然，有的法律应用文尽管在形式上没有严格地区分为上述三部分，但仍有其内在的规定性。

第三，法律应用文要有规范用语。首先，对于当事人的称谓，必须严格按照法律的规定来写。比如，对第一审民事判决书中的当事人称为"原告""被告"，而同样的当事人，在二审民事判决书中则称为"上诉人""被上诉人"等，不能任意书写。其次，尽管案件千差万别，但对于同一种法律应用文,在结构间的承接、转折部分的表述,以及案件由来、合议庭组成、审判经过等方面,都有较为规范的用语。

(四)时效性

时效性也是法律应用文的一个鲜明特点,而且法律应用文的时效性是由办案时效所决定的。许多法律、法规明确规定了不同诉讼阶段的时限,各个诉讼环节的法律应用文也必须严格遵守这种时限。当然,也有一些法律应用文虽然没有规定明确的时限,但是客观上要求快速办理,防止拖延,贻误时机,因而同样要注意时效问题。

二、法律应用文的作用

法律应用文是在进行诉讼活动以及与诉讼相联系的非诉讼活动中实施法律行为的文字载体,具有多方面的作用。具体来看,法律应用文的作用主要有以下几个。

(一)工具作用

法律应用文的工具作用指的是法律应用文是保障和体现法律实施最直接也是最终的表现形式。可以说,法律应用文作为实施法律的工具,起着其他任何形式都不能替代的作用。它将概括的法条转为生动的实际运用,反映了法律规范实际运行过程中的状态,实现了司法机关的职能。司法机关处理各种刑事、民事、行政等诉讼案件,仲裁机关和公证机关办理非讼事件,都离不开法律应用文,所以法律应用文是实施国家法律的重要工具。

(二)记录作用

法律应用文是在法律活动过程中制作和使用的文书,法律活动是一个相互联结的由若干程序组成的整体,它随着时间的推移不断出现又不断消失,是一个动态的过程,而法律应用文则是记录整个法律活动的,法律活动的每一个步骤和环节都应制作相应的文书,各个环节的诉讼文书,从头到尾依次衔接或间有交错,忠实地记载办理案件的全过程。因此,法律应用文不仅对案件的处理有重要的现实意义,而且还有重要的历史价值。就其现实意义而言,它对检查法律执行情况、总结工作经验、纠正司法活动中的差错提供了文字依据。就其历史价值而言，一定时期的法律应用文，在一定程度上反映了一定社会历史进程中的政治、经济、法律、文化的状况，随着时代的变迁，这些法律应用文会成为重要的档案资料，供后人查阅、参考研究和借鉴。

（三）凭证作用

法律应用文是司法机关履行职责的重要凭证。诉讼活动的每个阶段、每个环节如何运作，在诉讼法中都有相应的规定，司法机关履行职责，都要严格照法律规定的程序进行，而每个诉讼程序的发生又必须以相应的法律应用文作为凭证。也就是说，司法机关处理案件和当事人进行诉讼活动，都要按照法定的程序和手续来进行，进入某一程序就要使用相应的法律应用文，唯有依法制作，才能保证诉讼活动或非诉讼活动顺利进行。

（四）教育作用

法律应用文是进行法制宣传教育的有力教材。司法机关处理各种案件、依据事实和法律所形成的法律应用文，对案件当事人会具有直接的法律意义或产生法律效力，而对社会公众而言，这些法律应用文通过公开宣布，在客观上起到了法制宣传教育的作用。广大人民群众通过阅读、学习法律应用文，不仅能增强法律意识，树立严格的法制观念，自觉遵守法律，避免违法犯罪，还可以有效激发他们同违法犯罪行为作斗争的自觉性和积极性。

第三节　法律应用文的写作技巧研究

一、法律应用文写作的总体要求

法律应用文的写作有着严格的行文规则，具体来看，在写作法律应用文时必须遵守以下事项。

第一，在写作法律应用文时，必须实事求是。写入法律应用文中的材料，要根据"以法律为准绳，以事实为依据"的法治精神，遵循真实性原则。不杜撰、不变形、不添加;忠实于事实真相,忠实于法律制度;重证据,重调查研究,不轻信口供;是非清楚,旗帜鲜明。

第二,在写作法律应用文时,必须确保所有的材料都与案件相关,与案件无关的材料不能写入文中。比如,刑事案件要与涉及定性、量刑相关的犯罪事实相关。民事、行政诉讼案件,要与涉及违约、侵权、赔偿及是否涉及身份等相关;与是故意还是过失,与情节、轻重、数额、损害程度等相关;与案件的法律程序相关,即与是否涉及法律强制措施、时效如何等相关;与案件适用的法律、法规等相关。

第三,在写作法律应用文时,必须要确保所写的事实是经过认真审查核实以后认定的,不能人云亦云,也不能主观臆断、猜想揣度,还要注意不做形容、描绘,不搞形象刻画。

第四,在写作法律应用文时,必须结构完整,事项齐全,并且结构要合乎规范,不随意处置。

二、不同文种法律应用文的写作技巧

法律应用文包含的文种有很多,这里着重介绍几种常用文种的写作技巧。

(一)起诉状的写作技巧

1. 起诉状的基本认知

起诉状是刑事案件的自诉人或民事、行政案件的原告人向法院提呈的诉讼文书。通过起诉状,一审法院就可及时地获知具体案情以及自诉人或原告人的诉讼目的、请求、理由及其他有关情况。这样,起诉状就成了一审法院受理案件的基本依据。根据法律规定,起诉状是直接引起一审程序发生的先决性根据,也是被告人应诉答辩的根据。此外,通过起诉状,自诉人或原告人可以陈诉自己的合法权益受到侵害的事实及有关请求。这对促使司法机关依法保护公民、法人、非法人团体的合法权益具有极重要的作用。

(1)起诉状的特点

起诉状的特点,具体来说有以下几个。

①合法性

起诉状所写的内容,必须要合法,即符合法律规定,有充分的法律根据。依事论理有论点、论据和论证。论点必须符合法律规定的精神;论据包括案件事实和有关法律条文;论证乃是通过充分阐述理由把论点和论据贯穿起来,用以说明合理合法的问题。与此同时,起诉状请求也要在法律规定的前提下提出,才能得到法院的支持。

②客观性

起诉状所写的内容,在保证合法的前提下,还应与客观事实相符合,能够对案件进行如实反映,不存在歪曲事实或是捏造事实的情况。人民法院在对案件进行受理时,一个重要的依据便是起诉状。因此,起诉状中一定要客观、全面、真实地对案情进行阐述。在具体写作时,首先要简明扼要地对争讼事实进行叙述,使案情能够全面清晰地予以呈现;其次要将关键部分进行突出表述,并要交代清楚各个事实之间存在的关系,可以采用平铺直叙的方式将所有的事实列举出来。

③准确性

起诉讼是对国家法律的具体应用和体现,经过诉讼程序就产生了法律效力,在其实施过程中直接关系到各方当事人的权益和利益。因此,在运用案件材料和援引法律条款时必须严肃慎重,不可随意轻浮而产生丝毫误差。

④规范性

起诉状的规范性特点是针对其格式而言的,具体表现在以下两个方面。

第一,起诉状的制作必须要遵循统一的规范,否则起诉状是不会被法院认可的。

第二,起诉状的用语要规范,其开头、承接、转折、尾部等环节的表述,常常采用规范统一的文字。

(2)起诉状的种类

起诉状以其性质和内容的差异为依据,可以细分为以下几类。

第一,刑事起诉状,即刑事自诉案的自诉人或其法定代理人根据既成事实和相应法律,直接向法院控告被告人侵犯其人身权益,请求追究被告人刑事责任的诉讼文书。

第二,行政起诉状,即指公民、法人或者其他组织认为行政机关和行政机关工作人员在行使行政权力时侵犯了其合法利益,依照行政诉讼法和其他有关法律法令的规定,向人民法院提起行政诉讼的一种法律文书。

第三,民事起诉状,即民事案件的原告人因民事纠纷,为维护己方的民事权益而向法院提呈的诉状文书。

2.起诉状的具体写作技巧

(1)起诉状的写作格式

起诉状通常由以下五个部分构成。

①标题

起诉状的标题由诉讼案件性质+文种组成,其形式有民事起诉状、刑事自诉状、行政起诉状、刑事附带民事自诉状四种。

②首部

在这一部分,需写明原告人和被告人的个人情况,一般要求写明姓名、性别、年龄、籍贯、职业、住址。如果原告人或被告人是企、事业单位或团体,就要写明单位名称、地址及其法定代表人姓名、职务、住址。如果原告和被告不止一人,应分别写明每个人的情况。

③正文

诉讼状的正文,是由以下几个部分构成的。

第一,诉讼请求,即原告通过诉讼要达到的目的和要求,是起诉人请求人民法院要解决的具体事项要求。应写明请求法院解决有关民事、刑事或行政权益争议的具体问题,如要求与被告离婚、赔偿损失、履行合同等。若诉讼请求不止一项,可用序号标列,应简要、明确、具体。

第二,事实和理由。在诉讼状中,最核心的部分便是诉讼事实和理由。这一部分的写作是为了借助于事实与法律依据,使法院做出的裁决能够对起诉方的合法权益进行维护。在写作这一部分时,首先要将侵权行为或犯罪事实予以详细说明,并将侵权行为或犯罪事实造成的危害、双方应负的责任以及双方存在争议的内容切实写清楚。之后,要通过具体的事实和证据来阐述诉讼的理由。这一部分要根据具体的案情来选择写作方法,可以是先写事实后写理由,也可以是写事实的同时夹带议论。不论采用哪种写法,都必须保证所写的事实是真实、全面且完整的,否则需要承担一定的法律责任。此外,诉讼理由中还必须写明诉求请求的法律依据,以及被告应承担的法律责任。

④尾部

这一部分是起诉状的末尾,其结构由结尾、落款、成文日期组成。其中,结尾常用"此致××人民法院"这一写法。注意,"此致"单独占一行,空两格书写;"××人民法院"另起一行,顶格书写。落款写起诉人的姓名,通常写为"具状人×××"。在具状人的下一行写时间,要将年、月、日标全。

⑤附项

这一部分是在起诉状尾部之后附注明的有关事项。尾部与附项所涉及的数字,应使用汉字的大写形式。

(2)起诉状的写作注意事项

在写作起诉状时,除了要遵守上面的写作格式,还要特别注意以下几个方面。

第一,在写作起诉状时,首先要确定是否符合起诉条件,若符合则可以写。

第二,在写作起诉状时,要注意诉讼时效问题。诉讼时效是指权利人在法定期间内不行使权利就丧失了请求人民法院保护其民事权利的法律制度。我国《民法通则》第一百三十五条、第一百三十六条的规定,向人民法院请求保护民事权利的诉讼时效期间为两年;对于身体受到伤害要求赔偿的、出售质量不合格的商品未声明的、延付或者拒付租金的、寄存财物被丢失或者毁损的,诉讼时效期间为一年。第一百三十七条还规定,诉讼时效的计算应当从知道或者应当知道权利被侵害时计算。但从权利被侵害之日起超过二十年的,人民法院不予保护。有特殊情况的,人民法院可以延长诉讼时效期限。

第三,在写作起诉状时,要注意文书副本问题。当事人向人民法院递交民事起诉状,应当按照对方当事人的人数提供起诉状副本,由人民法院转交对方当事人。

(二)答辩状的写作技巧

1.答辩状的基本认知

答辩状是被告和被上诉人针对起诉的事实和理由或上诉的请求和

理由,在法定期限内根据事实和法律进行回答和辩解的文书。[①]

在诉状中,答辩状有着极高的使用频率,是被告当事人被法律赋予的一种权利,即被告人具有答辩权。对于被告人来说,既可以选择答辩也可以选择不答辩,但必须高度重视答辩权。这是因为,答辩状能够对被告人的正当合法权益进行有效维护,而且有利于人民法律对案情进行更为全面的了解,继而做出最正确的判决。被告人写答辩状时,最主要的目的是对原告的诉讼请求进行回答或反驳,以尽可能减轻答辩人的责任。

(1)答辩状的特点

答辩状的特点,具体来说有以下几个。

①特定性

答辩状必须由民事、行政案件的被告,上诉案件的被上诉人,刑事案件的被告人提出。

②针对性

答辩状必须针对起诉状和上诉状的内容进行答辩,这样才能有效减免答辩人的责任。

③时效性

答辩状必须在法定期限内提出。民事诉讼案件的被告或被上诉人应在收到起诉状副本或者上诉状副本的15日之内提出答辩状。行政诉讼案件的被告或被上诉人应在收到起诉状副本或者上诉状副本的10日内提出答辩状。

(2)答辩状的种类

答辩状以其性质和内容的差异为依据,可以细分为以下几类。

①刑事答辩状

该答辩状是相对于刑事自诉状而言的刑事答辩文书。由于很多刑事案件在当事人的对错是非上并不是黑白分明的,被害人为了自身的利益也可能捏造事实,夸大伤害后果,因而为公平起见,法律规定对于被害人提起自诉的案件,被告人也可以"针锋相对"地进行反驳,以表明自己没有犯罪或情节轻微,这在法律上便叫作刑事答辩。

[①] 陈发泉,王晓玉,代娜.应用文写作[M].北京:北京工业大学出版社,2018:228.

第五章　法律应用文写作实训研究

②行政答辩状

该答辩状是行政诉讼中的被告(或被上诉人)针对原告(或上诉人)在行政诉状(或上诉状)中提出的诉讼请求、事实与理由,向人民法院作出的书面答复。根据我国《行政诉讼法》第四十三条的规定,人民法院受理行政诉讼案件后,应当在立案之日起5日内,将起诉状副本发送给被告。被告应当在收到起诉状副本之日起10日内向人民法院提交作出具体行政行为的有关材料,并提出答辩状。人民法院应当在收到答辩状之日起5日内,将答辩状副本发送给原告。

③民事答辩状

该答辩状是民事被告、被上诉人针对原告或上诉人的起诉或上诉,阐述自己认定的事实和理由,予以答复和辩驳的一种书状。依照《中华人民共和国民事诉讼法》的规定,人民法院应当在立案之日起5日内将起诉状副本发送被告或被上诉人,被告或被上诉人在收到之日起15日内提出答辩状。提出答辩状是当事人的一项诉讼权利,不是诉讼义务;但被告人或被上诉人逾期不提出答辩状,不影响人民法院审理。

2. 答辩状的具体写作技巧

(1)答辩状的写作格式

答辩状通常由以下五个部分构成。

①标题

在写作答辩状时,标题是必须要有的。标题应写明"刑事(或民事)答辩状"或是"刑事(或民事)被上诉答辩状"。前者为第一审案件答辩状,后者为上诉案件答辩状。

②首部

这一部分主要写明答辩人的基本情况。被告人是公民的,就列写答辩人姓名、性别、年龄、民族、籍贯、职业和住址。有代理人的,挨着另起一行列写代理人,并标明是法定代理人,指定代理人,还是委托代理人,并写明其姓名、性别、年龄、民族、籍贯、职业和住址。如果是法定代理人,还要写明他与答辩人的关系,如委托律师代理,只写明其姓名和职务。

被告人是企事业单位、机关、团体(法人)的,先列写答辩人及其单位全称和所在地,另起一行列写该单位的法定代表人及其姓名、职务,再另起一行,列写委托代理人及其姓名、职务。不必将对方当事人及其情况单独列出来,在答辩理由将起诉人及起诉案由、上诉人及上诉案由进行说明即可。

③正文

在写答辩状的正文时,必须要将答辩事由写清楚。而在写答辩事由时,写法是较为灵活的,而且要注意答辩时必须针对原告提出的诉讼事实和诉讼理由,或是上诉人提出的上诉请求和理由,还可以列出与原告相反的事实、证据和理由来证明自己所提出的观点或理由的正确性与合理性。

第一审案件答辩状和上诉案件答辩状其事由的写法是不同的。第一审案件答辩人是被告人,答辩事由的具体行文为:"因×(案由)一案,现提出答辩如下"。上诉案件答辩状的答辩人是被上诉人,答辩状具体行文为:"上诉人××(姓名)因×(案由)一案不服××人民法院年×××月×日×字第×号×事判决(或裁定),提起上诉,现提出答辩如下"。

④尾部

起诉状的这一部分,需要包括三部分的内容:一是结尾,常用的结尾方式是"此致××人民法院";二是落款,必须写明答辩人的姓名;三是成文日期,需要写全年、月、日。

⑤附件

在这一部分,要写明答辩状副本份数和人证、物证份数。

(2)答辩状的写作注意事项

在写作答辩状时,除了要遵守上面的写作格式,还要特别注意以下几个方面。

第一,在写作答辩状时,要正确确定答辩人。一审答辩人和二审答辩人有所不同,其中,一审答辩人只能是被告,二审答辩人既可以是原审原告,也可以是原审被告、第三人。

第二,在写作答辩状时,要注意递交期限。答辩状是人民法院了解案情的基础,必须在法定期限内提出。

第三,在写作答辩状时,要注意送达的人民法院不同,答辩状后面的送达法院落款也不同。

第五章　法律应用文写作实训研究

（三）上诉状的写作技巧

1. 上诉状的基本认知

上诉状是诉讼当事人或者依照法律规定有权提出上诉的其他人不服人民法院的第一审判决、裁定,在法定期限内依照法定程序向上一级人民法院提出上诉,请求撤销、变更原裁判或重新审理的文书。[①]

（1）上诉状的特点

上诉状的特点,具体来说有以下几个。

①针对性

上诉状必须是对地方各级人民法院的一审裁定或判决不服提起的诉状。这里包括两层意思,只能对地方各级人民法院,即高级以下人民法院所制作的裁判提起的,对最高人民法院制作的裁判,不能提起上诉;只能是对人民法院的一审裁判不服才能提起上诉,我国法院实行两审终审制,二审裁判是终审裁判,不得再提起上诉。

②说理性

上诉状是当事人针对一审判决或裁定在认定事实、运用法律或程序上存在的问题提出的诉状。上诉人在上诉书中要从认定事实、采纳证据、适用法律、审判程序等方面,摆事实、讲道理,阐述自己的理由,指出一审判决或裁定的错误。要突出重点,抓住案情关键来写。

③时效性

上诉状必须是依照法定程序和期限提起的诉状,即在法定的期限内,向制作一审裁判的上一级人民法院提起,不能超期。当事人不服地方人民法院第一审判决的,有权在判决书送达之日起 15 日内向上一级人民法院提起上诉;当事人不服地方人民法院第一审裁定的,有权在裁定书送达之日起 10 日内向上一级人民法院提起上诉。

（2）上诉状的种类

上诉状以其性质和内容的差异为依据,可以细分为以下几类。

①刑事上诉状

这一类上诉状是指刑事诉讼案件的被告人或者依照法律规定有权提出上诉的其他人,经被告人同意,不服人民法院的第一审刑事判决或

---

① 许曼,等.新编应用文写作教程[M].北京:中国海洋大学出版社,2016：109.

裁定,在法定的期限内,按照法定程序要求上一级人民法院撤销、变更原裁判的书面请求。同时也指刑事自诉案件的当事人(被告人或自诉人)及其法定代理人,不服人民法院的第一审刑事判决或裁定,在法定期限内,按照法定程序提起的上诉。《刑事诉讼法》第一百八十条规定:"被告人、自诉人和他们的法定代理人,不服地方各级人民法院第一审的判决、裁定,有权用书状或者口头向上一级人民法院上诉。"上述法律规定,是制作刑事上诉状的法律依据。

②行政上诉状

这一类上诉状是当事人(原告或被告)不服人民法院的第一审行政判决、裁定,依照法定程序和期限,要求上一级人民法院撤销、变更原裁判的书面请求。

③民事上诉状

这一类上诉状是民事诉讼的当事人不服人民法院的第一审民事判决、裁定,在法定期限内,向上一级人民法院提出上诉,请求撤销或者变更第一审民事判决、裁定的文书。《民事诉讼法》第一百四十七条规定:"当事人不服地方人民法院第一审判决的,有权在判决书送达之日起 15 日内向上一级人民法院提起上诉。当事人不服地方人民法院第一审裁定的,有权在裁定书送达之日起 10 日内向上一级人民法院提起上诉。"《民事诉讼法》第一百四十八条规定:"上诉应当递交上诉状。上诉状的内容,应当包括当事人的姓名,法人的名称及其法定代表人的姓名或者其他组织的名称及其主要负责人的姓名;原审人民法院名称、案件的编号和案由;上诉的请求和理由。"上述法律规定是制作民事上诉状的法律依据。

2. 上诉状的具体写作技巧

(1)上诉状的写作格式

上诉状通常由以下五个部分构成。

①标题

上诉状的标题要写明案件性质和文书种类名称,有民事上诉状、刑事上诉状、行政上诉状三种写法。

②首部

在这一部分,要写明上诉人和被上诉人的自然情况。同起诉状一样,写出姓名、性别、年龄、民族、籍贯、职业、工作单位和住址等八个要素,方便法院传唤或通知到庭。另外,写这一部分时还要注意:在上诉人和被上诉人之后要注明在原审中的地位,并用括号括住;民事案件和刑事自诉案件中的原告和被告,自诉人和被告人,谁提出上诉,另一方就是被上诉人。

③正文

在这一部分,需要写明上诉请求和上诉理由,这是上诉状的中心内容。关于上诉请求的写作,应侧重于从两个方面着手:一是原审判决书、裁定书的案由和案呈;二是上诉的请求,即上诉人因对原审裁判不服而要求二审对原审裁判进行变更或撤销。关于上诉理由的写作,这是上诉状的写作重点,必须明确针对原审判决、裁定中的不当之处,写明不服的理由。

④尾部

这一部分是起诉状的末尾,其结构由结尾、落款、成文日期组成。其中,结尾部分要写明呈文或呈转对象,可以直接递交二审法院,也可以通过原审法院转交上一级人民法院。如果是前者,就写"此致××人民法院,如果是后者,就写"×××人民法院(原审法院)转送××人民法院(二审法院)"。"此致"单独占1行,空2格书写;"××中级人民法院"另起1行,顶格书写。落款写上诉人的姓名,通常写"上诉人×××"。在落款的下一行右侧写时间,并将年、月、日标全。

⑤附件

依次写明上诉状副本份数,证人的姓名、工作单位、职业、住址,物证和书证的件数。

(2)上诉状的写作注意事项

在写作上诉状时,除了要遵守上面的写作格式,还要特别注意以下几个方面。

第一,在写作上诉状时,必须要有依据地提出上诉理由。上诉状主要是针对原审判决、裁定的不当之处提出不服的理由,即上诉理由应是上诉人对原审裁判的辩驳。叙写上诉理由应当摆事实、讲道理,要有的放矢,并引用有关法律作为依据。

第二,在写作上诉状时,要注意针对原审裁判的错误或不当之处写明事实。

第三,在写作上诉状时,要注意针对原审裁判中的错误或不当之处进行反驳。

（四）申诉状的写作技巧

1. 申诉状的基本认知

申诉状是诉讼当事人对已生效的裁定、判决、调解书，认为有错误，请求原审人民法院或上级法院给予复查纠正而写的司法文书。[1] 申诉状的提出要经过受理案件的司法机关审查，认为原裁判确有错误，申诉合理合法，即通过审判监督程序对案件进行再审。

（1）申诉状的特点

申诉状的特点，具体来说有以下几个。

第一，申诉状必须是与本身权益有关的公民（行政申诉和民事申诉还可以是法人或其他组织）提出的。

第二，申诉状可以向人民检察院（仅限刑事申诉，而民事、行政申诉不能向人民检察院提出）、原审人民法院或原审的上一级人民法院提出。

第三，申诉是对已经发生法律效力的判决、裁定不服提出的。

（2）申诉状的种类

申诉状以其性质和内容的差异为依据，可以细分为以下几类。

①刑事申诉状

这一类申诉状是指刑事诉讼当事人及其法定代理人、被害人及其家属，对已经发生法律效力的人民法院的刑事判决或裁定认为有错误，而向人民法院或人民检察院提出重新审理以纠正错误的判决或裁定的请求。

②行政申诉状

这一类申诉状是指行政诉讼当事人和法律规定的其他人，对人民法院已经发生法律效力的裁定或判决，认为有错误而向人民法院要求复查纠正的一种法律文书。行政申诉状不受时间限制，接受申诉状的机关是原审法院或上一级人民法院。

③民事申诉状

这一类申诉状是民事诉讼当事人及其法定代理人，对人民法院已发生法律效力的判决、裁定认为确有错误，而向人民法院提交的，请求对该

---

[1] 崔永丽，李玉玉，彭优. 应用文写作实训教程[M]. 上海：上海交通大学出版社，2018：135.

第五章 法律应用文写作实训研究

案重新审理的法律文书。

2.申诉状的具体写作技巧

（1）申诉状的写作格式

申诉状通常由以下五个部分构成。

①标题

在写作申诉状时，标题是必须要有的。申诉状的标题写明案件性质和文书种类名称，有民事申诉状、刑事申诉状、行政申诉状三种写法。

②首部

在这一部分，要写明案件当事人的基本情况。自诉案件当事人要写明申诉人和被申诉人的自然情况，包括姓名、性别、年龄、民族、籍贯、职业、工作单位和住址等，方便法院传唤或通知到庭。申诉人与被申诉人如为单位，应写明单位名称、法定代表人姓名及职务、单位地址。公诉案件只写申诉人的基本情况。

③正文

申诉状的正文，是由以下几个部分构成的。

第一，申诉案由。这一部分可以写为"申诉人因××××（写明案由，即纠纷的性质）一案不服××××人民法院（写明原终审法院名称）××××第××号××判决，现提出申诉。"

第二，请求事项。这一部分主要写明申诉所要达到的目的，请求人民法院予以解决的问题，说明原来的判决或裁定有何不当，要求给予撤销、变更的意见。

第三，申诉理由。在申诉状中，最核心的部分便是申诉理由。申诉理由主要对原来的判决或裁定进行辩驳，可具体从已认定的事实是否合法、法律引用是否恰当、诉讼程序是否合法等几个方面进行，之后还需要明确根据哪些法律提出的再审请求。在具体写作这一部分时，要首先明确地指出原判决或裁定中存在的错误之处，然后据此对相关事实进行全面、客观、准确的陈述，还需要写明相关的证据。也可以先对案情进行简要阐述，然后通过摆事实的方式将原判决或裁定中的错误予以指出。在指出错误的同时，还需要写明合法的请求事项。

④尾部

这一部分是起诉状的末尾，其结构由结尾、落款、成文日期组成。其中，结尾常用"此致××省（或自治区、直辖市）高级人民法院"的写法。

写"此致"单独占1行,空2格书写;"××省(或自治区、直辖市)高级人民法院"另起1行,顶格书写。落款写申诉人的姓名,常写为"申诉人×××"。在落款的下一行右侧写时间,并将年、月、日标全。

⑤附项

这一部分是附上已生效判决书、裁定书,以及可以支持其申诉请求的有关证据材料。比如物证、书证的名称及数量,有证人的列出证人姓名、住址,申诉人如为在押犯,写明羁押处所。

(2)申诉状的写作注意事项

在写作申诉状时,除了要遵守上面的写作格式,还要特别注意以下两个方面。

第一,在写作申诉状时,提出的申诉必须在事实、法律上有理有据,不能无理申诉,同时各项内容都要写的简明扼要。

第二,在写作申诉状时,要严格按照格式行文来写,不允许标新立异,也不能随意发挥。

(五)代理词的写作技巧

1. 代理词的基本认知

代理词是指律师接受诉讼当事人的委托,担任代理人参与诉讼或仲裁活动,在法庭辩论阶段为维护委托人的权益,就案件事实提供证据、适用法律、辩明是非所发表的代理意见形成的文字材料。代理词可以系统地论述诉讼委托人的主张,对对方当事人所作主张的事实和理由进行系统的反驳,对于法院澄清案件真相,进行公正判决、裁定起着推动作用。

(1)代理词的特点

代理词的特点,具体来说有以下几个。

第一,代理词不是法定文书。代理词不是法定诉讼文书的一个种类,但在实践中,法庭在辩论结束时一般要求提交代理词文本作为全面审理、评议案件的参考,并将其归入诉讼卷,这有利于人民法院对案件作出客观判断和公正处理。

第二,代理性。代理词的中心内容都是紧紧围绕维护被代理人的合法权益展开的。

第三,权限性。代理词的代理意见和内容必须在代理权限范围内,代理人的任何一项活动,如变更诉讼请求、和解、提起上诉和反诉,都必须得到委托人的授权,否则代理无效。

(2)代理词的种类

代理词依据不同的标准可以分为不同的类型,下面介绍几种常见的分类方式。

第一,以诉讼程序为依据,可以将代理词分为一审代理词、二审代理词等。

第二,以委托人的诉讼地位为依据,可以将代理词分为原告代理词、被告代理词和第三人代理词三类。

第三,以案件性质为依据,可以将代理词分为刑事自诉代理词、行政诉讼代理词和民事诉讼代理词。其中,行政诉讼代理词是指行政诉讼各方当事人在法庭发表的支持和论证自己的起诉、上诉、答辩意见正确的法律文书。民事诉讼代理词是指民事诉讼中的诉讼代理人接受民事纠纷当事人的委托或其法定代理人的委托,在法律规定和被代理人授权范围内为保护被代理人的合法权益,在法庭辩论阶段作的陈述代理方意见、反驳对方观点的针对性发言。

2.代理词的具体写作技巧

(1)代理词的写作格式

代理词通常由以下三个部分构成。

①首部

这一部分包括三方面的内容,即标题、称呼和前言。其中,标题要注明文书名称"××××诉讼代理词";称呼是审理本案的审判长、审判员称呼;前言要简明扼要地说明代理人出庭代理的法律规定、代理权限范围、出庭前的准备工作,概括对案件的基本看法。

②正文

代理词的主体是代理词的正文,这一部分要根据事实和法律,详细、深入地阐述具体代理意见,应当层次清晰、符合逻辑。另外,在写作这一部分时需要明确四个方面。一是确认法律事实或法律依据,正确辩明案件性质及当事人的纠纷焦点,阐述当事人之间的权利和义务。二是被代理人的诉讼地位,即根据当事人在诉讼中的法律地位撰写代理词,原告方的代理词以起诉状为基础,是起诉状的进一步补充和发挥;被告方的代理词以答辩状为基础,针对原告起诉状的事实、理由、诉讼请求,进行反驳和辩论,同时表明己方观点和立场。三是被代理人的授权范围。根据授权委托书的类别和内容,在授权范围内撰写代理意见。四是澄清案件当事人争议的关键点,阐明己方态度。

③尾部

在这一部分,需要代理人署名,并要写明代理词发表日期。

(2)代理词的写作注意事项

在写作代理词时,除了要遵守上面的写作格式,还要特别注意以下几个方面。

第一,在写作代理词时,要先熟悉案情,了解案件的特点,明辨案件的中心问题。这是进行代理和写作代理词的前提。

第二,在写作代理词时,要尊重事实,依法论理。不要为偏袒被代理人而故意夸大对方的责任,强词夺理。同时还应注意从维护法律尊严的角度出发,坚持依法办案的原则,不能在代理过程中对被代理人提出非法非分要求。

第三,在写作代理词时,要注意顺序得当,言辞平实,以理服人。

(六)辩护词的写作技巧

1. 辩护词的基本认知

辩护词是用于案件的被告人及其辩护人在法庭辩论阶段进行辩时以书面形式提交的法律应用文。辩护词要剖析案件事实,论证案件性质,并提出适用法律的意见,为人民法院客观、全面地了解案情真相、查明事实、正确量刑提供积极的参考。

(1)辩护词的特点

辩护词的特点,具体来说有以下几个。

①雄辩性

辩护词的主要使命和手段是辩驳,属于演说稿文体。辩护人在写作时要追求精彩雄辩、压倒一切的辩护效果。针对刑事自诉状、起诉书的指控,要充分组织证据,根据事实和法律,合法合理、合乎逻辑地进行反驳和辩解,化被动为主动,才能实现辩护的目的。

②趋轻性

趋轻性是辩护词写作的突出特征和意识,趋轻结果必须在合法与合事实的前提下才能实现,这就往往需要根据委托人的利益取向,合法地选择和突出真实材料,对证据事实及其意义进行有利于趋轻判决的倾向

第五章　法律应用文写作实训研究

性开掘和强调。

在进行有罪辩护时,辩护词一般根据案件事实和法律规范,侧重进行罪轻或减轻、免除刑事责任方面的辩护。辩护人围绕着趋轻判决的目的在写作时要具有趋轻意识。辩护词作为维护当事人合法权益的书面工具,是以被辩护人的立场为自己的写作立场,而不是站在裁判者的立场来写作,因此,写作时辩护人没有必要、没有义务,也不应当注重于对自己的当事人作负面评价,他以被辩护人的利益最大化为出发点和最终目的。作趋轻辩护是辩护词的天职,是法律赋予辩护人的权利,也是辩护词的终极写作目的。

③机变性

辩护词写作要求随机应变、巧妙应对,辩护词必须根据法庭调查情况做出临时应变,即便是首轮辩护词的写作,往往也需根据变化着的实情进行随机调整。显然,辩护词写作具有非常突出的非线性、非稳定特征,其决定因素,既有外部环境因素也有内部因素。因为一审刑事自诉状、起诉书的内容尽管具有一定性,但自诉人、起诉人的指控往往可以在开庭审理之前发生变化,被告人的意愿、情况陈述以及案件事实调查核实、取证的情况也有可能发生变化。根据变化的情况修改辩护词,涉及观点、材料、结构、表达的变化、调整或补充,需在有限时间内作出快捷的反应,完成修改。所以,辩护人只有具备了机变的意识和能力,才能在随时可能发生变化的法庭上下做到应对自如。

（2）辩护词的种类

辩护词依据不同的标准可以分为不同的类型,下面介绍几种常见的分类方式。

第一,以审判程序为依据,可以将辩护词分为一审辩护词、二审辩护词等。

第二,以时间和背景条件为依据,可以将辩护词分为开庭前写作的首轮辩护词和开庭后的随机辩护词。其前者是写于开庭审理案件之前,用以在法庭上反驳和辩解的辩论文书,是后者的基础和依据,在不需做出必要补充和修改的情况下,它就是正式的法庭辩论文书。后者是开庭后针对双方法庭辩论的情况而写作的辩护词,往往要对前面写作的辩护词做必要补充或修改。它往往先表现为口头的写作,而后则可形成辩护文章。随机辩护词特别能够体现机智和应变的能力。

第三,以写作目的为依据,可以将辩护词分为罪轻辩护词与无罪辩护词两类。

第四,以辩护内容为依据,可以将辩护词分为全部辩护和部分辩护两类。其中,全部辩护针对指控进行全部辩驳;部分辩护针对部分不合事实或法律的内容进行辩驳。

2.辩护词的具体写作技巧

(1)辩护词的写作格式

辩护词通常由以下三个部分构成。

①首部

这一部分由标题和称呼两部分组成。其中,标题列为"辩护词"或"关于××(姓名)××(案件)一案的辩护词"。称呼是审理本案的审判长、审判员、人民陪审员或各位法官等。

②正文

辩护词的正文应包括以下几部分。

第一,前言。在这一部分,要向法庭说明出庭行使辩护权的依据,并要表明辩护人的合法地位。辩护人是律师的,要简要说明进行辩护前做了哪些工作,如查阅案卷、了解案情、同在押的被告会见或通信等。另外,这一部分可概括说明辩护人的基本情况观点,如认为对被告指控的事实不能成立,或定刑不当等。

第二,辩护理由。这是辩护词的主体,具体可从被指控事实能否成立、法律的适用是否适当及被告的态度方面提出辩护,以有利于被告人。

第三,辩护意见。这一部分是对辩护理由进行归纳,并进一步提出有关建议。

③尾部

在这一部分,需要辩护人署名,并要写明辩护词发表日期。

(2)辩护词的写作注意事项

在写作辩护词时,除了要遵守上面的写作格式,还要特别注意以下几个方面。

第一,在写作辩护词时,必须坚持以事实为依据、以法律为准绳。

第二,在写作辩护词时,必须要论点鲜明、条理清晰,辩护理由充分,具有说服力。

第三,在写作辩护词时,必须语言准确、生动。

第五章　法律应用文写作实训研究

（七）授权委托书的写作技巧

1. 授权委托书的基本认知

授权委托书是当事人把代理权授予委托代理人的证明文书。它是委托代理人以被代理人的名义，在代理人授予的权限范围内从事民事活动和诉讼活动的书面依据。

（1）授权委托书的特点

授权委托书的特点，具体来说有以下几个。

①合法性

授权委托书是当事人、第三人、法定代理人委托他人代为诉讼的一种文书，是委托代理人为被代理人进行诉讼活动的依据，只有委托人签名或盖章的授权委托书才有效。

②权限性

授权委托书是根据被代理人在诉讼中的授权而成立的文书，规定了委托代理人的代理权限。委托代理人有了诉讼代理权，才能在代理权的范围内为代理人行使诉讼行为。例如，查阅案卷、陈述辩论、审查证据等。被代理人授予的权限有多大，委托代理人就行使多大权限，受委托人无权行使没有被授予的权限。委托代理人在代理权限内的诉讼行为，和当事人自己实施的诉讼行为有同等效力。委托代理人根据代理权所实施的一切诉讼行为，其法律上的后果一概由被代理人承担。

③时效性

授权委托书是被代理人向人民法院送交的文书。委托代理人的代理权确定之后，就可书写授权委托书。被代理人应当向受理案件的人民法院送交这种文书，以证明代理权的确定及其范围。如果变更或解除代理权时，被代理人应当书面报告人民法院，并通知有关当事人。案件在审结、裁判或双方和解后，授权委托书的效力即告终结，代理权也同时消失。

（2）授权委托书的种类

授权委托书依据不同的标准可以分为不同的类型，下面介绍几种常见的分类方式。

第一，以委托内容为依据，可以将授权委托书分为民事代理的授权委托书和民事诉讼代理的授权委托书。

第二,以授权范围为依据,可以将授权委托书分为全权授权委托书和部分授权委托书两类。

第三,以委托形式为依据,可以将授权委托书分为单位与单位之间的授权委托书、单位与个人之间的授权委托书、个人与个人之间的授权委托书。

2.授权委托书的具体写作技巧

(1)授权委托书的写作格式

授权委托书通常由以下三个部分构成。

①首部

这一部分需要包括两方面的内容:一是标题,即在授权委托书的上端写上"授权委托书",二是委托人和被委托人的基本情况。如果委托人是公民,应写明姓名、性别、年龄、职业、工作单位、现在住址等内容;如果委托人是法人或其他组织,则还要加上法人或其他组织的全称、住址、法人代表等内容。

②正文

授权委托书的正文应包括以下几部分。

第一,委托事项。当所委托事务为民事活动时,要写明"现委托×××(被委托人姓名或名称)作为我或我方(委托人姓名或名称)参加××(民事活动的名称)的委托人"的字样;当所委托事务为诉讼活动时,则要写明"现委托×××(被委托人姓名或名称)在我(或我方)与××(对方当事人姓名或名称和案件性质)一案中,作为我(或我方)参加诉讼的委托代理人"的字样。

第二,委托权限。委托的内容不同,委托权限也会有所差异。以民事代理来说,其委托权限有三种情况:特别委托权限,即代理人受托在一定时期内办理相同性质特征的民事法律事务;一次委托权限,即代理人只能一次性地办理受托的某项民事法律事务;总委托权限,即委托代理人受托在一定时期内办理某项事务及与此相关的事务的活动。就诉讼代理来说,其委托权限有两种情况:一般委托,即委托代理人只能实施一般的诉讼行为,如法庭辩论、举证等;特别委托,即委托代理人受托实施某些重大诉讼行为,如代理当事人提出反诉等。

第三,委托期限。在写作这一部分时,要考虑到具体情况。通常而言,一事相应一次委托的,可以写上"自授权委托之日起,至本次民事活动(或本案)终结之日止"的字样。

③尾部

在这一部分,需要委托人、被委托人分别签名或者盖章。委托人如果是法人或组织,应由其法定代表人签名盖章、加盖公章。

(2)授权委托书的写作注意事项

在写作授权委托书时,除了要遵守上面的写作格式,还要特别注意以下几个方面。

第一,在写作授权委托书时,要遵循国家的法律规则。

第二,在写作授权委托书时,必须写明委托人和被委托人基本情况,以及委托事项、委托范围等。

第三,在写作授权委托书时,要切实明确自己的委托权限,不可越权。

(八)遗嘱的写作技巧

1. 遗嘱的基本认知

遗嘱是遗嘱人生前对个人财产做出处分决定,并于死亡时发生法律效力的法律行为。

(1)遗嘱的特点

遗嘱的特点,具体来说有以下几个。

①法律性

《继承法》规定,公民有权立遗嘱来处理自己的合法财产。由于遗嘱是立遗嘱人按照立遗嘱的法律原则所表明的个人意志,而这种意志又与公民个人的经济利益以及与国家的经济建设事业紧密相关的,所以法律认可其效力。但是,对于违背了法律原则的遗嘱内容,法院可以根据利害关系人的请求,酌情进行重新分配和处理。

②排他性

遗嘱是立遗嘱人单方法律行为的体现。遗嘱所表明的内容是立遗嘱人自主而真实的意志,无须征得任何组织或他人的同意,任何组织或他人都无权干预。

③程式性

遗嘱体现了特定的法律性和排他性,所以形成了遗嘱行文格式的特定程式性,以助于把遗嘱的内容简明扼要地表达清楚,确保遗嘱的完整性、准确性和实效性。一般来说,遗嘱的行文,多采取说明的表达方式,遗嘱的谋篇布局往往都有比较固定的格式,遣词用字也多朴实简明。

（2）遗嘱的种类

遗嘱以其形式为依据,可以细分为以下几类。

第一,口授遗嘱。口授遗嘱是立遗嘱人在极端危急的情况下因不得已而以口述方式所立的遗嘱。立口述遗嘱时,应当有两个以上的人在场见证。

第二,书面遗嘱。书面遗嘱是立遗嘱人以文书的方式所制作的遗嘱。一般来说,书面遗嘱又有自书遗嘱和代书遗嘱之分。其中,自书遗嘱是立遗嘱人亲笔书写并签名的遗嘱文书;代书遗嘱是立遗嘱人因自己不能书写而请人代笔制作出的遗嘱文书。

第三,音像遗嘱。音像遗嘱是以录音或录像的形式制作的遗嘱。制作录音遗嘱时,必须要有见证人在场作证。

2. 遗嘱的具体写作技巧

（1）遗嘱的写作格式

遗嘱通常由以下三个部分构成。

①首部

这一部分需要包括两方面的内容：一是标题,应写明"遗嘱"或"×××遗嘱";二是遗嘱人的基本情况,包括姓名、性别、年龄和住址等。

②正文

遗嘱的正文应包括以下几部分。

第一,立遗嘱的理由。这部分的写作应简洁,即简明扼要地说明立遗嘱的原因和目的,以便他人对立遗嘱的理由有正确的理解,避免猜疑,也使行文更自然。

第二,遗嘱事项。这一部分实际上是写明处分财产的具体意见。需要写明继承人是谁,也要写明遗嘱财产的范围,是全部财产还是部分财产。对于不愿以立遗嘱的方式来处分的财产也应当在遗嘱中表示一下原则性的意见。除此之外,还要写明继承人所得财产的类别、名称、数量等具体情况。要注意的是,遗嘱上所列物品是相对贵重的东西,次要的物品笼统说明谁继承即可。

第三,遗嘱要求。这一部分是写遗嘱人对继承人应尽义务的说明。若是遗嘱人不需要继承人履行义务,则可以不写。

第四,遗嘱执行和保存。在这一部分,既要写明遗嘱执行人的姓名,也要明确遗嘱的保存形式。

③尾部

这一部分包括两方面的内容,具体如下。

第一,结尾,可写遗嘱人的希望和要求。当然,一些遗嘱也可以选择不要结尾。

第二,署名与成文时间、地点等。在遗嘱的最后,遗嘱人签名或盖章,并注明立遗嘱的时间和地点,在此下面由代书人和见证人签名或盖章。

(2)遗嘱的写作注意事项

在写作遗嘱时,除了要遵守上面的写作格式,还要特别注意以下几个方面。

第一,在写作遗嘱时,对财产的分配一定要明确、具体,千万不可含糊其辞,不能有歧义,以免引起纠纷。

第二,在写作遗嘱时,内容必须具有合法性。违背法律、法令和损害社会公益的有关部分无效。此外,所写作的遗嘱不得侵犯他人的合法权益。

第三,在写作遗嘱时,必须符合遗嘱人的真实意愿。威迫、欺骗和伪造、篡改的遗嘱一律无效。

第六章 社交礼仪应用文写作实训研究

在人们的生活中,社会交往是一项重要的活动。自人类社会出现,人的社会交往活动就产生了,而且伴随着社会的发展而变得日益频繁和复杂。人们在社会交往的过程中逐渐形成了一定的礼仪,即社交礼仪。它是人们在公共关系活动中,为了塑造个人和组织的良好形象而应当遵循的尊重他人、讲究礼节、注重仪表、仪态、仪容、仪式等的规范或程序。社交礼仪应用文是社交礼仪中的一个大的类别,属于语言礼仪范畴。在本章中,将对社交礼仪应用文的相关知识进行详细阐述。

第一节 社交礼仪应用文的概念与分类

一、社交礼仪应用文的概念

社交礼仪应用文是人们在进行社会交往中,用以表达目的、陈述愿望的符合礼仪规范的文书。这一类应用文是为各种特定的社会交往活动服务的,对于社会交往活动的顺利进行具有积极的意义。

社交礼仪应用文的使用范围很广,在社交活动、公关活动中都发挥着重要作用。

二、社交礼仪应用文的分类

在人们的社会交往过程中,社会礼仪越来越受到青睐。在此影响下,社交礼仪应用文也成为人们的社会交往中必不可少的一部分。社交礼仪应用文的种类并非一成不变的,而是伴随着社会的发展而有所变化,或因不适应时代而消亡,或因新的时代需要而产生。因此,学术界对社交礼仪应用文的分类还未形成统一的观点。但有一点可以明确,就是可以用途为依据对社交礼仪应用文进行分类。具体来看,依据社交礼仪应用文的用途,可以将其分为以下两类。

(一)致辞性社交礼仪应用文

这一类社交礼仪应用文秉承了中华民族的传统文化,因而普遍用在一些会议的仪式或是交往的礼节上。此外,这一类社交礼仪应用文的形式大都是约定俗成的,是在长期的历史发展过程中逐步形成的。贺信、祝词、欢迎词、欢送词、答谢词等都属于致辞性社交礼仪应用文。

(二)知照性社交礼仪应用文

这一类社交礼仪应用文是组织或个人在交往中针对某种事宜提前或事先告知对方,让对方了解、明了我方要做的事情的一种礼仪性文书。知照性社交礼仪应用文不带有政策性、命令性和法定性,但却有告知性、谦和性、委婉性、庄重性。启事、声明、请柬、聘书等都属于知照性社交礼仪应用文。

第二节　社交礼仪应用文的特征与作用

一、社交礼仪应用文的特征

与其他文种的应用文相比,社交礼仪应用文具有以下几个鲜明的特征。

（一）针对性

写作社交礼仪应用文的最主要目的，便是保证多样化的社交活动能够顺利进行。从这一角度来说，针对性是社交礼仪应用文的一个重要特征。比如，在举办一般的活动或会议时，向相关人员发出的是邀请函；而在举行重要的活动、会议、宴会时，向客人发出的则是请柬。

（二）礼仪性

在写作社交礼仪应用文时，必须要遵守一定的礼仪规范。这里所说的社交礼仪应用文的写作礼仪规范，不仅仅指的是文辞典雅庄重，还需要讲究书写的款式、用笔用墨、书写材料等。比如，致辞的称谓语和祝颂语，一旦运用的场合或对象错误，不仅会失礼出丑，还可能导致人际关系的破裂。又如，在写请柬时，必须使用质地考究的硬纸，而且封面封底必须是红色的，内面则应是白底红字；而在写讣告，必须使用大小适中的白纸，且要用黑色墨汁书写，还要将讣告内容用黑线围框起来。

（三）实用性

社交礼仪应用文是针对某一具体的事务内容而写作的，且需要传递一定的信息、交流一定的情感，以保证社会交往的顺利进行。比如，祝酒词、欢迎词、欢送词等的写作，都具有一定的实用性。

（四）情感性

交际语言不同，其传达的信息也会有所不同，最终取得实际效果自然也会有所差异。当交际语言是真实的、情真意切的、发自肺腑的，则会传达出真诚和友爱的信息，交际活动自然能顺利进行；而当交际语言是虚假的、言不由衷的，则会传达出虚伪和狡诈的信息，交际活动自然会受到影响。因此，在写作社交礼仪应用文时，必须要呈现真情实感。

（五）规范性

社交礼仪应用文在长期的发展过程中，逐渐形成了被社会所认可和接受的程式性结构。在具体的写作过程中，只有遵守这一程式性结构，才能达到社交的目的，否则会影响彼此的关系。因此，在写作社交礼仪应用文之前，必须要掌握其约定俗成的写作格式。

二、社交礼仪应用文的作用

社交礼仪应用文是人们用以规范行为、沟通思想、交流情感、互尊互敬、促进了解的礼仪的载体,是一个民族道德修养、文明程度高低的外在表现。因此,社会礼仪应用文在社会生活中发挥着十分重要的作用。具体来看,社交礼仪应用文的作用主要有以下几个。

第一,沟通作用。在人际交往中,社交礼仪应用文能使人们彼此的感情得以相互传递、通达,使双方的交往成功并实现各自事业的顺利发展。比如,逢年过节、婚丧嫁娶、寿诞吉日、迎宾送客等,通过使用祝贺信、贺电、对联、悼词等,可以达到祝贺、慰问、哀悼等目的。

第二,协调作用。在社会交往过程中,社交礼仪应用文能够加强人与人之间的理解和谅解,从而缓和与避免某些不解和误解,扫除情感对立和交际故障。这就是社交礼仪应用文的协调作用。

第三,社会作用。社交礼仪应用文的社会作用指的是社交礼仪应用文在维护社会秩序的稳定、引导社会风尚以及推动社会文明等方面发挥着积极的作用。

第四,教育作用。社交礼仪应用文可以通过评价、劝阻、示范等教育方式,对人们的错误行为进行纠正,并积极提倡人们之间相互尊重、沟通,从而实现人与人的和谐,维护社会的稳定。

第三节　社交礼仪应用文的写作技巧研究

一、社交礼仪应用文写作的总体要求

社交礼仪应用文的写作有着一定的行文规则,具体来看,在写作社交礼仪应用文时必须遵守以下事项。

第一,在写作社交礼仪应用文时,必须明确社交对象,并以此为依据确定态度。社交礼仪主要是调节人与人之间关系的,因此,在任何活动中都必须先弄清楚社交的对象,以采取相应的礼仪。比如,对上级与长辈要尊重、礼貌;对平级、平辈要诚恳、谦和;对下级、晚辈要和气、亲切。

总之,要谨记社交礼仪应用文是写给谁,给谁看;讲给谁、给谁听。也就是说,社交对象不同,社交礼仪应用文的写作也要有所区别。

第二,在写作社交礼仪应用文时,必须要充分考虑到场合,并以此为依据来确定写作的风格。社交礼仪应用文应用于不同的场合,写作时要讲究与场景气氛和谐融洽。比如致辞的使用十分普遍,开业或周年庆典会、新闻发布会、学术研讨会、展览会、宴会、舞会等,都需要有关人士致辞。但不同场合的致辞,内容和写法是不同的。大会致辞要严谨庄重,宴会致辞要新鲜活泼,答谢致辞要亲切诚恳。总之,要根据不同的场合,采用不同的风格。

第三,在写作社交礼仪应用文时,情感的表现一定要恰当。社交礼仪应用文的写作需要带有一定的情感,让读者乐于接受。而在社交礼仪应用文中,常见的情感有尊重,这既包括贴切的称谓,又包括礼貌的陈述,以便缩短双方的距离;理解,既包含体贴,也包含期待,以便于为客体留有一定的余地;诚挚,既有宽厚,又有坦率,以便获得客体的信任。

第四,在写作社交礼仪应用文时,必须要考虑到时效性。大多数社交礼仪应用文都要求写作及时、迅速,按时送达,如果误了时限,其便无价值可言,甚至还可能导致不必要的麻烦,影响社会关系的发展与维护。

第五,在写作社交礼仪应用文时,必须使用恰当的语言。社交礼仪应用文的写作,是为建立、发展或维护社会关系,而在社会关系的建立、发展或维护过程中,语言起着极为重要的作用。因此,要想写出高质量的社会礼仪应用文,必须要恰当地使用语言。具体来看,写作社交礼仪应用文时,语言应通俗,既要易读、易懂,又要易记、易传;准确,既包括情况和数字的准确,又包括术语和概念的准确。简洁,既指文章的精炼,又指语句的简短;得体,既是指分寸感,又是指要符合文体的风格。

二、不同文种社交礼仪应用文的写作技巧

社交礼仪应用文包含的文种有很多,这里着重介绍几种常用文种的写作技巧。

(一)邀约文书的写作技巧

在社交礼仪应用文中,邀约文书是一个重要的文种,其主要包括邀请函、请柬和聘书等。

第六章 社交礼仪应用文写作实训研究

1. 邀请函的写作技巧

（1）邀请函的基本认知

邀请函是邀请亲朋好友或知名人士、专家学者等参加某项活动时所发的邀约请托性文书，表明了活动主办方的礼仪愿望和友好盛情。在当前的社会交往中，邀请函的使用是十分广泛的。

①邀请函的特点

邀请函的特点，主要有以下几个。

第一，使用广泛性。邀请函的使用不受级别高低、单位大小的限制，收发邀请函的单位均以比较平等的身份进行联系。上至国务院，下至基层组织、企事业单位都可以使用。

第二，行文多向性。邀请函可以上行、下行，也可平行。

第三，用语谦恭性。不论什么类型的邀请函，用语皆得谦恭有礼，以示尊重。

②邀请函的种类

一般来说，邀请函可以分为个人邀请函和事务邀请函两类。其中，个人邀请函一般是邀请他人参加私人活动，如共进晚餐、参加宴会、观看电影等；事务邀请函一般是邀请他人参加公开活动，如参加会议、学术活动等。

（2）邀请函的具体写作技巧

①邀请函的写作格式

邀请函从外在结构上来看，是由两部分组成的，即邀请函的主体内容和邀请函回执。这里主要介绍一下邀请函的主体内容。

通常而言，邀请函的主体内容应由四部分内容构成，具体如下。

第一，标题。邀请函既可采用"事由＋文种"形式，如"新年音乐会邀请函"，也可直接写出文种"邀请函"。

第二，称谓。这里的称谓指的是被邀请人姓名，通常使用"统称"，而且要在统称前加敬语。比如，"尊敬的×××先生"。

第三，正文。在邀请函的这一部分，需要正式告知被邀请方举办活动的缘由、目的、事项及要求，并写明活动的安排、时间、地点。这一部分的写作必须得体、诚挚，并要注意使用"敬请光临""欢迎光临"等邀请惯用语。

第四，落款。在这一部分，需要署上邀请者（单位或个人）的名称和成文日期。

②邀请函的写作注意事项

在写作邀请函时,除了要遵守上面的写作格式,还要特别注意以下几个方面。

第一,在写作邀请函时,要详细地写出邀请内容,并要写出对被邀请人的要求和希望等。

第二,在写作邀请函时,一定要写全被邀请者的姓名,切不可写别名或是绰号。

第三,在写作邀请函时,用语要礼貌、简约、典雅,同时要在言语间表现出对邀请者的尊敬与热情。

2. 请柬的写作技巧

(1) 请柬的基本认知

请柬是邀请某单位或个人参加某项活动而发出的书面信函。一般来说,向邀请者发出请柬,既表明了邀请者对被邀请者的尊敬,又表明了邀请者对此事的郑重态度。

①请柬的特点

请柬的特点,主要有以下两个。

第一,形式庄重。请柬比一般的信函更为庄重,为了表达邀请者的热情、诚挚,制作和设计的要求较为考究,通常用较厚的红纸或硬纸卡片,文字为美术字体,还要进行烫金、饰以花边等艺术加工,以表示对他人的敬重。

第二,内容简明。请柬一般只简单说明活动事项、安排、时间、地点及注意问题等。

②请柬的种类

请柬依据不同的标准可以分为不同的类型,下面介绍两种常见的分类方式。

第一,以目的为依据,可以将请柬分为会议请柬、仪式请柬、参展请柬、宴会请柬等。

第二,以书写形式为依据,可以将请柬分为横式请柬和竖式请柬两类。其中,横式请柬是从左写到右,文字横排;竖式请柬是从右写到左,文字竖排。

第六章 社交礼仪应用文写作实训研究

（2）请柬的具体写作技巧

①请柬的写作格式

请柬通常由以下五个部分构成。

第一，标题。请柬标题的写法通常是在正文上文居中位置写"请柬"二字，字要比正文的大一些，也可改变字体或用花边修饰以示喜庆。需说明的是，通常请柬已按照书信格式印制好，发文者只需填写正文即可。

第二，称呼。在标题下第二行顶格，要写上被邀请者的姓名和称谓或单位名称。如不方便直接指明具体的被邀请人，称呼可用其单位全称。

第三，正文。请柬的正文部分要写清活动的内容，如开座谈会、联欢会、生日派对、节庆宴会、婚礼、寿诞等，还要写明时间、地点、方式。一些特殊的会议还要说明会议的宗旨、议题等。如果有必要，有时还需要提醒应邀者应做哪些准备。

第四，结尾。在这一部分，常用表示邀请的词语，如"敬请光临""恭候光临"等。

第五，落款。在这一部分，要写上邀请者的名称或盖章及发柬时间。如请柬是横式书写，在请柬的右下角落款；竖式书写的请柬，则在左下角落款。

②请柬的写作注意事项

在写作请柬时，除了要遵守上面的写作格式，还要特别注意以下几个方面。

第一，在写作请柬时，要注意简明扼要。在此基础上，还要保证结构完整，内容清楚具体。目的明确不能含糊，时间、地点要准确。若是有需要注意的事项，如联系人、联系电话、食宿或携带物品、文件要求、交通路线等，则需要加以注明。

第二，在写作请柬时，语言既要简洁、明确，又要措辞文雅、大方和热情，让被邀请者充分感受到尊重和愉悦。还有一点，所写请柬的语气要带有希望、请求之意，以表诚心。

第三，在写作请柬时，应注意字体的大小疏密、排列等问题，务必做到美观大方。

3. 聘书的写作技巧

（1）聘书的基本认知

聘书是就聘请有关人员担任本单位某种职务或承担某项工作时所

使用的文书。

①聘书的特点

聘书的特点，主要有以下几个。

第一，合法性。聘书是劳动力需求方对劳动者进行选择之后，决定对其正式聘用时所形成的具有法律效力的文书。聘书一旦发出，双方都将承担着特定的法律责任，不到期满，任何一方都不得随意中止聘用关系，除非有特殊的原因，才能以除名或辞职的方式中止这种关系。

第二，明确性。聘书对受聘者的职称、职务、时间、待遇等一般都会进行明确表述，以增强受聘者的荣誉感和责任感。

第三，实用性。聘书是受聘者上岗工作的凭证，也是受聘者保护自己工作权利的依据。当然，它也是用人单位衡量受聘人员是否履行职责、是否完成任务的依据。对于双方而言，聘书都有重要的凭据作用。如果双方发生纠纷，需要劳动仲裁部门或法律部门解决纠纷，聘书也是依法解决的重要证据。

第四，双向选择性。聘书是在双方自愿的基础上形成的，具有双向选择性。招聘单位有权向受聘者发出聘请意愿，受聘者也有权决定自己是否应聘。在双向选择的过程中，双方的利益都有可能得到保障。

第五，时效性。聘书在限定的时间内才具有效力。若超过了规定的时间则自动失效。

②聘书的种类

聘书依据不同的标准可以分为不同的类型，下面介绍几种常见的分类方式。

第一，以聘任的内容为依据，可以将聘书分为职业聘书、职务聘书和职称聘书三类。

第二，以聘任的时间为依据，可以将聘书分为临时聘书、正式聘书和兼职聘书三类。其中，临时聘书是一个单位在工作、生产和科研活动中，由于自身力量不足，无法满足需要，特聘请外单位有关人员承担某个职务或某项工作时而使用的凭证。临时聘书由单位负责人签署，任务完成后，聘书即告失效。正式聘书一般在实行聘任制的单位中使用。这种聘书又包括专业技术职务聘书和聘约书。聘约书是单位与受聘人的协议，由双方商定协议内容并由双方签署。聘约书一经签署，双方都要履行所承担的权利与义务，期满则失。兼职聘书是指聘请其他单位的人才到本单位兼任长期或短期工作所使用的凭证。

第六章　社交礼仪应用文写作实训研究

第三,以写作形式为依据,可以将聘书分为书信式聘书和表格式聘书两类。

(2)聘书的具体写作技巧

①聘书的写作格式

聘书通常由以下五个部分构成。

第一,标题。封面居中写"聘书"或"聘请书"字样,字体稍大。

第二,称呼。写上受聘者的姓名,姓名后加"同志""先生""女士"等称谓。

第三,正文。正文一般写明聘请谁、担任什么职称或承担什么任务、聘期及受聘的起止时间等内容。有时需写明聘请的缘由、目的或依据。有些单位使用聘书代替聘用合同,在聘书中还约定了待遇、职责、双方的权利和义务等,这种方式较为少见。

第四,结尾。另起一行写"此聘"两字,也可不写。

第五,落款。正文右下方写上聘请单位名称和日期,并加盖公章。

②聘书的写作注意事项

在写作聘书时,除了要遵守上面的写作格式,还要特别注意以下几个方面。

第一,在写作聘书时,要事先对被聘人的才、德有全面深入的了解,确定是学有专长、术有专攻、才德俱佳的、自己单位急需的人才,方可以发聘请信,不可盲目从事。

第二,在写作聘书时,必须要有严肃的态度,对有关招聘的内容要交代清楚。特别是对于为什么聘请、聘请谁、聘请原因一定要交代清楚。特别是对于干什么一定要有所交代,否则被聘请者就无法有效被聘或虽然接受了聘书,也只能盲目被聘了。

第三,在写作聘书时,一定要对对方的专长加以评价,使对方觉得你了解他、器重他,是能识别"千里马"的"伯乐",从而愿意接受聘请,为你所用。可以说,这一方面的写作会对被聘请者的态度产生主要影响。

第四,在写作聘书时,态度要恳切,语气要委婉。既尊重对方的意愿,不强人所难,又要表达出恳请的诚意,使对方容易接受。

第五,在写作聘书时,若为手写的聘书,则字迹一定要工整美观,不可潦草,也不可出现书写错误。

第六,在写作聘书时,要整洁、大方、美观。聘书一般要短小精悍,不可篇幅太长,语言要简洁明了、准确流畅,态度要谦虚诚恳。

(二)礼仪致辞的写作技巧

1. 礼仪致辞及其写作的总体要求

(1)礼仪致辞的基本认知

礼仪致辞是人们在各种会议、庆典、仪式上发表的演讲词,以表达欢迎、感谢、祝愿等情感。礼仪致辞适用范围广,大到国家集会,小到私人聚会,都可以使用礼仪致辞。

①礼仪致辞的特点

礼仪致辞的特点,主要有以下几个。

第一,煽情性。礼仪致辞的目的是要渲染喜庆气氛,激起听众的热情,使听众与讲话人形成感情共鸣。所以,礼仪致辞要体现出热情、激昂、真诚、鼓动性的特点。

第二,应变性。礼仪致辞是在特定场合发表的演讲,临场性很强,致辞人要密切关注听众的情绪,充分考虑地点场合、听众情况、心理等客观因素,根据需要随机应变,临时调整、增删致辞内容。

第三,简短性。礼仪致辞的目的是渲染气氛,鼓动情绪,集中人们的注意力。致辞的内容要少而精,最好在精彩之处戛然而止,以便能够让听众的情绪处在兴奋状态。

②礼仪致辞的种类

礼仪致辞以其性质为依据,可以大致分为以下几类。

第一,庆贺类致辞,如婚庆寿庆、校庆厂庆、开工竣工、开幕闭等。

第二,聚会类致辞,如同学聚会、同志聚会、战友聚会、亲朋聚会等。

第三,迎送答谢类致辞,如欢迎仪式、答谢仪式等。

(2)礼仪致辞写作的总体要求

在写作礼仪致辞时,必须遵守以下几项要求。

第一,在写作礼仪致辞时,必须对致辞对象予以明确。只有了解清楚为什么事而致辞、致辞的对象是谁、对方的具体情况怎样、活动有哪些安排等,才能做到心中有数,主题突出。

第二,在写作礼仪致辞时,要注意把握分寸,措辞得体。致辞是为了创造和谐的气氛,沟通感情,增进了解,遣词造句要用词得当,把握分寸;哪些话该说、哪些话不该说、说到什么程度等,一定要谨慎。即使是商务谈判或有意见分歧,也应委婉表达,求同存异。

第六章　社交礼仪应用文写作实训研究

第三,在写作礼仪致辞时,要注意通俗生动,热情亲切。致辞要吸引听众,要有鼓动性和感染力;致辞的语言要生动有趣、通俗易懂,让听者感受情真意切、温馨愉快。致辞一定要真诚相见,不可虚情假意,过分堆砌辞藻。

第四,在写作礼仪致辞时,要谦恭诚恳,这既能表现出致辞人的修养风度,又能向对方表达出你的真情实意,拉近与对方的感情距离。

第五,在写作礼仪致辞时,要注意用语礼貌,称呼要用尊称,态度庄重,用语风趣而不失典雅,切忌轻佻随便。

2. 不同种类礼仪致辞的写作技巧

礼仪致辞包含的具体种类有很多,这里着重介绍几种常用文种的写作技巧。

（1）开幕词的写作技巧

①开幕词的基本认知

开幕词是党政机关、社会团体、企事业单位的领导人在重大会议或重要活动开始时向与会人员宣布会议开始并发表致辞的讲话稿。其写作的质量会对会议或活动的效果产生重要影响。

一般而言,开幕词具有两个鲜明的特点。一是引导性。开幕词通常要阐明会议或活动的性质、宗旨、任务、要求和议程安排等,集中体现了大会或活动的指导思想,起着定调的作用,对引导会议或活动朝着既定的正确方向顺利进行,保证会议或活动的圆满成功,有着重要的意义。二是简明性。开幕词要简洁明了、短小精悍,短则几百字,长则一两千字,最忌长篇累牍,言不及义。

开幕词以其内容为依据,大致可以分为两类:一类是一般性开幕词,即只是对会议目的、意义,或者会议的情况、效果、希望等作简要概述的开幕词;另一类是侧重性开幕词,即对会议召开的历史背景、意义或会议的议题等作重点阐发,其他问题一带而过的开幕词。

②开幕词的具体写作技巧

关于开幕词的具体写作技巧,可从以下两个方面进行分析。

第一,开幕词的写作格式。在写作开幕词时,通常要由标题、署时及署名、称谓、正文四个部分构成。其中,开幕词标题的写法主要有四种:一是会议（活动）全称＋文种构成,如"中国共产党第十二次全国人民代表大会开幕词";二是致辞人＋会议（活动）全称＋文种,如"×××同志在×××会议上的开幕词";三是采用复式标题,主标题揭示会议的宗旨、中心内容,副标题与前两种标题的构成形式相同,如"我们的文学应该站在世界的前列——中国作家协会第四次会员代表大会开幕词";四是只标上文种"开幕词"。开幕词的署时及署名,署时即署上在会议上讲话的时间,一般写在标题之下,用括号括上。署名即署致开幕词人的姓名,一般置于时间之下,独占一行,居中排列,有时还需在姓名之前标明职称、职务。如在标题中已标出致辞人的姓名,为避免重复,此处不再署名。开幕词的称谓一般写在标题下行顶格,一般根据会议的性质及与会者的身份确定称谓,如"同志们""各位代表""诸位来宾"等。开幕词的正文要包括开头、主体和结尾三部分。开头要以简洁的语言交代会议或活动的名称、届次,说明其目的和重要性,对会议的召开及与会人员表示祝贺;亦可介绍会议或活动的筹备经过和出席人的情况,并向他们表示热烈欢迎。开头要写得简短、明确,富有鼓动力和号召力,以引起与会人员的重视;行文时要单独列为一个自然段,将其与主体部分分开。主体部分要阐明会议的意义,通过对以往工作情况的概括总结,和对当前形势的分析,说明会议是在什么形势下,为了解决什么问题和达到什么目的召开的;阐明会议的指导思想,提出大会任务,说明会议主要议程和安排;向与会者提出会议的要求,以保证会议的顺利召开。结尾要用简短、有力并具号召性、鼓动性、概括性的语言,表达对会议的良好祝愿。另外,这一部分常用"预祝大会圆满成功"这一习惯用语结束。

第二,开幕词的写作要求。在写作开幕词时,必须要有针对性,为此写作之前应掌握会议或活动的精神,了解会议或活动的全面情况,明确会议或活动要达到的预期目的,同时要针对会议主题和需要解决的问题旗帜鲜明地表明态度;必须要对重点进行突出,只要对会议或活动主题及有关重要问题作必要的说明即可,凡需讨论或具体操作的问题,不必详细展开讨论与分析;感情要真挚,态度要诚恳,措辞要礼貌,做到善辞令而不做作,讲礼貌而不应付,切忌言不由衷;语言要简洁,篇幅要精悍,用字要谨慎,做到语言与场景气氛和谐融洽。

(2)闭幕词的写作技巧

①闭幕词的基本认知

闭幕词是党政机关、社会团体、企事业单位的负责人在重大会议或重要活动结束时向与会人员宣布会议结束并就会议或活动作的带有评价性、总结性的讲话稿。闭幕词是会议闭幕或活动结束的标志,需要与开幕词前后呼应。

一般而言,开幕词具有三个鲜明的特点。一是总结性。闭幕词是在会议或活动的闭幕式上使用的文种,要对会议或活动内容/会议或活动精神和进程进行简要的总结并做出恰当评价,肯定会议或活动的重要成果,强调会议或活动的重要意义和深远影响。二是概括性。闭幕词应对会议或活动的进展情况、完成的议题、取得的成果、提出的精神及意义等进行高度的语言概括。因此,闭幕词的篇幅一般都短小精悍,语言简洁明快。三是号召性。为激励参加会议或活动的全体成员实现会议提出的各项任务而奋斗,增强相关人员贯彻会议精神的决心和信心,闭幕词的行文充满热情,语言坚定有力,富有号召性和鼓动性。

闭幕词以其内容为依据,大致可以分为两类:一类是一般性闭幕词,即对会议或活动的情况、效果、希望等作简要概述,无明显的主次之分的闭幕词;另一类是侧重性闭幕词,即对会议或活动的成就、效果等作重点讲述,其他问题点到即可的闭幕词。

②闭幕词的具体写作技巧

关于闭幕词的具体写作技巧,可从以下两个方面进行分析。

第一,闭幕词的写作格式。在写作闭幕词时,通常要由标题、署时及署名、称谓、正文四个部分构成。闭幕词的标题写法与开幕词标题的写法基本一致,唯一变动的是文种的更换,即将"开幕词"换成"闭幕词"。闭幕词的署时及署名、称谓,也与开幕词的这一部分相同。在闭幕词的正文部分,要包括开头、主体和结尾三部分。开头要以简练的文笔概要总结会议或活动的基本情况,并客观适当地对其收获、意义和影响作出总的评价。主体部分要总结会议或活动的主要成果或收获;归纳肯定会议或活动的重要意义;对出席者提出今后贯彻落实的相关要求。闭幕词的结尾,要用诚恳热情的语句,向为大会或活动圆满成功而辛勤工作的参会人员、提供服务的工作人员表示谢意,同时要以坚定的语气发出号召,提出希望,表示祝愿,并郑重宣布大会胜利闭幕。

第二,闭幕词的写作要求。在写作闭幕词时,必须要用简要的语言高度概括会议或活动的成果;要实事求是地评价会议或活动的成绩及效果,不要乱戴高帽、夸大其词或是讲空话套话;要多采用些富有感染力和号召力的语言,以起到振奋人心的作用,同时要注意语言通俗易懂、生动活泼。

（3）欢迎词的写作技巧

①欢迎词的基本认知

欢迎词是行政机关、企事业单位、社会团体或个人在接待或招待客人的正式场合中,发表的表示欢迎之意的致辞。欢迎词旨在对来宾表示欢迎和尊重,表达友好交往、增强交流与合作的心愿,营造和强化友好和谐的社交气氛。

一般而言,欢迎词具有两个鲜明的特点。一是欢愉性。中国有句古话是"有朋自远方来,不亦乐乎",所以致欢迎词应有一种愉快的心情,言词用语务必富有激情和表现出致辞人的真诚。只有这样才可给客人一种"宾至如归"的感觉,为下一步各种活动的完满举行打下好的基础。二是口语性。欢迎词本意是现场当面向宾客口头表达的,所以口语化是欢迎词文字上的必然要求,在遣词用语上要运用生活化的语言,即简洁又富有生活的情趣。口语化会拉近主人同来宾的亲切关系。

欢迎词依据不同的标准可以分为不同的类型,下面介绍两种常见的分类方式。一是以表达方式为依据,可以将欢迎词分为现场讲演欢迎词和报刊发表欢迎词两类。其中,现场讲演欢迎词一般由欢迎人在被欢迎人到达时在欢迎现场口头发表的欢迎稿。报刊发表欢迎词是发表在报刊、网站等上面的欢迎稿,一般在客人到达前后发表。二是以社交的公关性质为依据,可以将欢迎词分为私人交往欢迎词和公事往来欢迎词两类。其中,私人交往欢迎词一般是在个人举行较大型的宴会、聚会、茶会、舞会、讨论会等场合下使用的欢迎稿,具有很大的即时性、现场性;公事往来欢迎词一般在较庄重的公共事务中使用,其在文字措辞上较为正式、严格。

②欢迎词的具体写作技巧

关于欢迎词的具体写作技巧,可从以下两个方面进行分析。

第一,欢迎词的写作格式。在写作欢迎词时,通常由标题、称谓、正文和署名四部分组成。其中,欢迎词的标题主要有两种写作形式:一种是活动内容＋文种,如"在××会上的欢迎词";另一种是标注文种,即"欢迎词"。在标题下,要顶格写来宾的称呼,包括主宾及其他人员,通常要加尊称和职务、职称学衔等。欢迎词的正文要由开头、主体和结尾三部分组成。开头就是用一句话表示欢迎的意思,通常应说明现场举行的是何种仪式,发言者代表什么人向哪些来宾表示欢迎。主体部分要阐述和回顾宾主双方在共同的领域所持的共同的立场、观点、目标、原则等内容,较具体地介绍来宾在各方面的成就及在某些方面做出的突出贡献,同时要指出来宾本次到访或光临对增加宾主友谊及合作交流所具有的现实意义和历史意义。在结尾处,通常要再次向来宾表示欢迎,并表达自己对今后合作的良好祝愿。在正文之后要署名,通常署致辞单位名称、致辞者的身份、姓名及成文日期。

第二,欢迎词的写作要求。在写作欢迎词时,必须要有针对性地进行措辞,由于欢迎的场合和理由不同,表达要随之发生变化,该严肃的严肃,该轻松的轻松,切实将欢迎词说到来宾的心坎上,同时要注意尊重对方的风俗习惯,避开对方的忌讳,以免发生误会;感情要真挚,能较得体地表达自己的原则立场;要运用精确、通俗的语言,同时态度要热情、礼貌;要注意言简意赅,不必长篇大论。

（4）欢送词的写作技巧

①欢送词的基本认知

欢送词是机关、企事业单位、社会团体或个人在公共场合欢送客人或亲友出行时致辞的讲话稿。

一般而言,欢送词具有两个鲜明的特点。一是惜别性。欢送词要表达亲朋远行时的感受,要把依依惜别之情溢于言表。格调也不可过于低沉,尤其是公共事务的交往更应把握好分别时所用言辞的分寸。二是口语性。欢送词的遣词造句应注意使用生活化的语言,使送别既富有情趣又自然得体。

欢送词依据不同的标准可以分为不同的类型,下面介绍两种常见的分类方式。一是以表达方式为依据,可以将欢送词分为现场讲演欢送词和报刊发表欢送词两类。其中,现场讲演欢送词一般由欢迎人在被欢迎人准备离开时在欢迎现场口头发表的欢迎稿。报刊发表欢送词是发表在报刊、网站等上面的欢送词,一般在客人离开前后发表。二是以社交的公关性质为依据,可以将欢送词分为私人交往欢送词和公事往来欢送词两类。其中,私人交往欢送词一般是在个人举行较大型的宴会、聚会、茶会、舞会、讨论会等场合下使用的欢送词,具有很大的即时性、现场性;公事往来欢送词一般在较庄重的公共事务中使用,其在文字措辞上较为正式、严格。

②欢送词的具体写作技巧

关于欢送词的具体写作技巧,可从以下两个方面进行分析。

第一,欢送词的写作格式。在写作欢送词时,通常要由标题、称谓、正文和落款四部分组成。其中,欢送词的标题写法与欢迎词大致相同,不同的是,欢送词可以写得像一篇抒情散文,可以另加一个散文化的标题,而用常规的欢送词作副标题。欢送词的称呼在开头处顶格写,要写明宾客的姓名或身份,既可以用具体称呼,也可以用笼统称呼。欢送词的正文一般由开头、主体和结尾三部分组成。开头通常应说明此时在举行何种欢送仪式,发言人是以什么身份代表哪些人向宾客表示欢送的。主体部分主要回顾和阐述双方在合作或访问期间在哪些问题和项目上达成了一致的立场、取得了哪些有突破性的进展,陈述本次合作交流中双方的合作和交流给双方所带来的益处,阐述其深远的历史意义。对于私人欢送词还应注意表达双方在共事合作期间彼此友谊的加深增进以及分别之后的思念之情。若为朋友送行,还应加上一些勉励的话。结尾主要是再次向来宾表示真挚的欢送之情,并表达期待再次光临的心愿。欢送词的落款包括致辞单位名称、致辞人身份和姓名、成文日期等内容。

第二,欢送词的写作要求。在写作欢送词时,必须要了解来宾来访期间的活动情况,以及访问所取得的进展,以保证内容的针对性和准确性;感情要恰到好处,而且要真挚、诚恳,表现出依依不舍之情;要言简意赅,篇幅不宜过长。

(5)答谢词的写作技巧

①答谢词的基本认知

在欢迎及欢送会、喜庆宴会、授奖大会上,在主人及主持人致辞后,一般当事人要发言讲话,以表示对其关怀、支持及友谊、帮助的感谢,此时的讲话稿即为答谢词。

答谢词具有三个鲜明的特点:一是以谢为主,即答谢词自始至终都充满着真诚的谢意;二是就地取材,即被答谢单位和个人的感人事迹、环境氛围,以及本人的所见所闻所思,都可以作为答谢词的内容;三是短小精悍,即答谢词应是简短有力的。

答谢词以致谢缘由和致谢内容为依据,可以细分为两类:一类是谢遇型答谢词,即用来答谢别人的招待的致辞,既可用于欢迎仪式、会见仪式上与欢迎词相应,也可用于欢送仪式、告别仪式上与欢送词相应;另一类是谢恩型答谢词,即用来答谢别人帮助的致辞,常用于捐赠仪式或某种送别仪式上。

②答谢词的具体写作技巧

关于答谢词的具体写作技巧,可从以下两个方面进行分析。

第六章 社交礼仪应用文写作实训研究

第一,答谢词的写作格式。在写作答谢词时,通常要由标题、称谓、正文和落款四部分组成。其中,答谢词的标题多采用直标文种的形式,即在第一行居中的位置写上"答谢词"。在标题后另起一行顶格写称谓,即受感谢方的姓名、头衔。这里的称谓可以是广泛对象,也可以是具体对象。答谢词的正文一般是由开头、主体和结尾三部分组成的。其中,开头一般表达对主人热情接待的感谢之意。主体部分一般畅叙情谊,对对方的热情接待表示由衷的感谢。如果是访问,则概述出访期间留下的美好印象,赞扬主人某方面的业绩、崇高的精神,或对双方共同关心的问题表达自己的观点、看法和愿望。结尾处多表达美好祝愿,或再次表示谢意。答谢词可以在落款处署上致辞的单位名称,致辞者的身份、姓名,并署上成文日期。

第二,答谢词的写作要求。在写作答谢词时,必须要尊重对方习惯,即要了解当地的民情、风俗、尊重对方习惯;要有必要的客套话,但不宜过多,不宜过分,以免适得其反,引起对方的反感;要动真情、吐真言,热情洋溢,不可虚情假意、言不由衷或矫揉造作;要注意与欢迎词或欢送词的某些内容照应,以体现对主人的尊重;要注意篇幅简短,答谢词是应酬性讲话,而且往往是在一次公关礼仪活动刚开始时发表的,下面还有一系列的活动等着进行,因此篇幅要力求简短,不宜冗长拖沓,以免令人生烦。

(三)贺词的写作技巧

贺词是社交礼仪应用文中的一个重要的文种。一般来说,贺词又可以细分为以下几类。

1. 贺信的写作技巧

(1)贺信的基本认知

贺信是对有关组织和人员的胜利、成功、庆典、会议、寿辰等喜庆之事表示祝贺的专用书信。当有关组织或个人在工作中取得显著成绩,或重要会议召开、工程竣工、科研项目完成、公司开业、华诞庆典等重要活动,都可以使用贺信的形式表示祝贺。

①贺信的特点

贺信的特点,主要有以下几个。

第一,祝贺性,即贺信是对他人或组织的成绩、胜利、婚姻、诞辰等喜庆活动表示良好的祝愿和祝贺。

第二，针对性，即贺信的撰写者要针对确需祝贺的具体事项，用于确需祝贺的时机和场合，不可捕风捉影，不可无喜而贺，以免对方尴尬。

第三，及时性，即被邀请者一旦收到对方发来的喜讯，或者是喜庆活动召开的消息，就应该及时发出贺信，应在第一时间让对方知道自己对其关注和重视，让对方感受到自己的庆祝、赞扬之情。

第四，广泛性，即贺信可用于祝贺国家领导人任职和国家大事，也可用于各类组织和单位的重要活动、重要会议与重大成果，个人取得突出成绩、婚嫁、乔迁、祝寿等。

②贺信的种类

贺信依据不同的标准可以分为不同的类型，下面介绍几种常见的分类方式。

第一，以收发双方的关系为依据，可以将贺信分为上级给下级的贺信、下级给上级的贺信、平级单位之间的贺信、国家之间的贺信和个人之间的贺信等。

第二，以内容为依据，可以将贺信分为公务贺信和私人贺信两类。

第三，以出现的形态为依据，可以将贺信分为公开的贺信和私下的贺信两类。

（2）贺信的具体写作技巧

①贺信的写作格式

贺信通常由以下五个部分组成。

第一，标题。标题多用"贺信"或"祝贺信"标出，并多用花边装饰，以示喜庆。字体要大些，书写工整、大方。

第二，称呼。在标题下空两行顶格书写所贺单位或个人名称，应写全称，并有亲切感。

第三，正文。在这一部分，应包括四项内容：一是祝贺事项，即表明要祝贺的事项，充分肯定和赞扬对方取得的成绩或胜利，或者是向对方开展的喜庆活动表示热烈祝贺；二是阐述意义，即对祝贺事件的意义进行阐述，说明为何值得庆祝；三是表明祝贺者的身份，表达祝贺之情，如果祝贺者较多则一一列出；四是提出殷切希望，以鼓励对方。

第四，结尾。贺词的结尾一般是表示祝愿或祝福的话，如"此致敬礼""祝大会圆满成功"等。

第五，落款。要在贺词正文右下方写上单位名称或个人姓名，下行写

第六章 社交礼仪应用文写作实训研究

上发信的年、月、日。

②贺词的写作注意事项

在写作贺词时,除了要遵守上面的写作格式,还要特别注意以下几个方面。

第一,在写作贺词时,要感情饱满。贺词要体现的是自己真诚的祝福,是加强彼此联系、增强双方交流的重要手段,所以要写的感情饱满充沛,冷冰冰的陈述、评价是表达不出道贺者心愿的。

第二,在写作贺词时,要内容真实。贺词写作的时候内容要真实,评价成绩要恰如其分,表示决心要切实可行,不可空发议论,空喊口号。

第三,在写作贺词时,要语言精炼。贺词是表示祝贺的文字,一定要语言简洁明快,篇幅短小精悍,不堆砌华丽辞藻。

2. 贺电的写作技巧

(1) 贺电的基本认知

贺电是对收电对象表示祝贺的电报。它多是以政府部门、企事业单位或首脑人物、代表人物名义发给有关单位、集体、个人的。贺电可以直接发给对方,也可以通过登报或广播发布。

①贺电的特点

贺电的特点,主要有以下几个。

第一,文字简练。贺电不能靠堆砌华丽辞藻来赢得别人的好感,也不要言过其实地空喊口号,而是要通过精练的语言和真情实意表达祝贺之情,要惜墨如金,并能让人感觉到祝贺的真诚性。

第二,感情真挚。对别人表示祝贺,应该是发自内心的真挚情感,切忌虚情假意。

第三,传递迅速。贺电利用电波信号快速向远方传递信息,因此到达对方的速度比较快。

②贺电的种类

通常而言,贺电可以细分为以下几类。

第一,礼仪贺电。随着经济、文化及整个社会各方面的发展,许多城市的邮局都开办了礼仪服务。近年来,礼仪贺电服务不断翻新,现已用装潢精美的硬质印刷卡取代了原来的单一电报纸,有的邮局还开办了鲜花礼仪电报业务。

第二,公务贺电。公务贺电主要用于国内党政机关或其领导人向下属机关或个人表示祝贺,也可用于无隶属关系的单位之间表示祝贺,祝贺对方在某一方面取得的重大成就和做出的杰出贡献。

第三,外事贺电。外事贺电主要是国家领导人、政府及外交机关和外交代表等对友好国家及国际组织的喜庆之事表示祝贺时发出的一种文书,通常用于祝贺国家独立、重大成就取得、重要会议召开、国家领导人当选、国家领导人寿辰等方面。发布外事贺电表示了一个国家对喜庆国家的一种友好态度,对于两国之间和两国领导人之间友好关系的建立与维护具有积极意义。

(2)贺电的具体写作技巧

①贺电的写作格式

贺电通常由以下五个部分组成。

第一,标题。贺电标题的写法有四种:一是发文单位＋受文单位＋文种,如"××省给××大学的贺电";二是受文单位＋文种,如"给中国女排的贺电";三是发文单位＋文种,如"国务院贺电";四是直接书写文种,即"贺电"。

第二,称谓。在正文前一行顶格写收电单位或个人的名称,外事电报和礼仪电报一般都要加上尊称,发给下级机关的电文通常直接写上称呼,后面加上冒号。

第三,正文。贺电的正文部分,要说明祝贺的内容,简评对方的成就及意义。

第四,结尾。在这一部分,既要表示祝贺,也要提出希望。

第五,落款,在这一部分,正文右下方写上贺电单位名称或个人姓名,下行写上贺电的年、月、日。

②贺电的写作注意事项

在写作贺电时,除了要遵守上面的写作格式,还要特别注意以下两个方面。

第一,在写作贺电时,篇幅要短,一般用百余字表达祝贺即可。贺电太长,就与贺信无甚分别了。

第二,在写作贺电时,用语上要细细斟酌,贺颂要恰如其分,提出的要求和希望要合乎情理。

3.祝词的写作技巧

（1）祝词的基本认知

祝词是在各种喜庆场合对特定对象表示良好祝愿的言辞或文章。其是国际、国内人际交往活动中不可缺少的交际工具和手段。

①祝词的特点

祝词的特点，主要有以下两个。

第一，祝愿性。祝词是针对可喜可贺的事项而发，是用情真意切的言辞来营造热烈的气氛，表达亲切的问候和祝福，架起主宾间增进感情的桥梁。

第二，抒情性。祝词是撰写者发自内心的祝贺，而非虚情假意的结果。祝词的撰写者借用多种表述方式、方法，由衷地来表达自己内心的喜悦之情。

②祝词的种类

祝词依据不同的标准可以分为不同的类型，下面介绍几种常见的分类方式。

第一，以内容和场合为依据，可以将祝词分为祝贺词、祝酒词、祝寿词等。

第二，以表达方式为依据，可以将祝词分为口头祝词和书面祝词两类。

第三，以表现形式为依据，可以将祝词分为祝词、贺联、欢送词、答谢词等。

第四，以文体形式为依据，可以将祝词分为韵文体祝词和散文体祝词两类。

（2）祝词的具体写作技巧

①祝词的写作格式

祝词通常由以下五个部分组成。

第一，标题。祝词标题的写法有多种：一是姓名＋会议名称＋文种，如"××同志代表区政府在新年茶话会上的祝词"；二是事由＋文种，如"庆祝××大学成立100周年祝词"；三是被祝者名称＋文种，如"给中国女足的祝词"；四是直接写文种，如"祝词"；等等。

第二，称谓。称呼被祝贺的对象，要求具体、准确，并根据需要确定是否使用尊称。

第三,正文。正文写法比较灵活,针对不同的对象,不同的祝贺动机,写出相应的祝贺内容,但总的说来应包含下面几层意思:首先向受祝贺的单位或人员表示祝贺、感谢或问候,或者说明写祝词的理由或原因;其次对已做出的成就进行适当评价或指出其意义;最后表示祝愿、希望、祝贺之语,也可以给被祝者以鼓励。

第四,结语。结语是在正文结束后用一句礼节性的祝颂语结束全文。

第五,落款。要分别在祝词正文的右下角写上祝贺者和日期。

②祝词的写作注意事项

在写作祝词时,除了要遵守上面的写作格式,还要特别注意以下几个方面。

第一,在写作祝词时,要做到主题鲜明突出,片言居要。

第二,在写作祝词时,要针对具体情况,有感而发,表现出真挚的情感。

第三,在写作祝词时,要言简意赅,篇幅不宜太长。

第四,在写作祝词时,语言要准确、简练、通俗和优美。准确是最基本的要求,对人对事都要客观公正,实事求是,不能因为是祝词,就过分夸张。简练是在准确上的高层次要求,祝词常常是很简短的,有时甚至少到几个字,言简意赅,既能给人以回味,又能节约时间,这样的祝词是普遍受人欢迎的。通俗,即深入浅出,雅俗共赏,而非流于庸俗,落入俗套。优美是对祝词的最高要求,不仅要求祝词能传情达意,而且要给人以美的艺术享受,这种优美有时并不在于华丽的辞藻,而主要在于其构思的巧妙,能够给人耳目一新之感。

4. 贺卡的写作技巧

(1)贺卡的基本认知

贺卡是祝贺节日、生日或其他喜庆之事的卡片,也是现代礼仪交往中不可或缺的媒介。

①贺卡的特点

贺卡的特点,主要有以下几个。

第一,经济实用。喜庆之时,亲自制作或买一张精美的贺卡给亲戚朋友送去或者寄去,礼轻情意重,增进友谊。

第二,方便。贺卡大多书店或商店有购,即使没有,制作一张也比较简便。加之贺卡词要求精短,用一句话或几句诗或选用名诗名言均可,制作、拟写、传送都比较方便。

第三，庄雅。贺卡虽没有金钱物什的物质价值，却给人带来一种超凡脱俗的新境界，能够体现现代人的礼仪风采。

第四，美观。贺卡特别是现代彩印贺卡极为美观，能够给人赏心悦目之感。

②贺卡的种类

贺卡依据不同的标准可以分为不同的类型，下面介绍几种常见的分类方式。

第一，以书写形式为依据，可以将贺卡分为横式贺卡和竖式贺卡两类。其中，横式贺卡是从左写到右，文字横排；竖式贺卡是从右写到左，文字竖排。

第二，以用途为依据，可以将贺卡分为节日卡，即根据中外传统节日而设计的贺卡，如春节卡、圣诞卡、母亲节贺卡等；尊师卡，即学生用来感谢恩师教诲的贺卡；生日卡，即人们用来表示祝贺对方生日快乐的贺卡；心意卡，即广泛用于平日的感情联络的贺卡，有问候卡、感谢卡、怀念卡、邀请卡、规劝卡等；公关卡，即以公关形式用于单位之间，或单位与大众之间联系的贺卡。

第三，以造型为依据，可以将贺卡分为平面贺卡和立体贺卡两类。其中，立体贺卡是经过造型后能产生立体效果的贺卡。

（2）贺卡的具体写作技巧

第一，在写作贺卡时，要记准恭贺的准确日期。

第二，在写作贺卡时，要依据对象及恭贺内容精心选购贺卡。

第三，在写作贺卡时，要亲笔题词、落款，这对于贺卡情感分量的提高有着积极意义。

第四，在写作贺卡时，要言简意赅，既要表达出真挚的感情，又要突出个性和文采。

（四）吊唁文的写作技巧

吊唁文也是在社交礼仪应用文中的一个重要文种，其又可以细分为以下几类。

1. 讣告的写作技巧

（1）讣告的基本认知

讣告是死者的亲属或治丧委员会向亲友和有关人士报丧时所用的一种应用文书。它是报丧的通知，除了派人送达或张贴外，还可通过报纸、电台、电视台向社会发出，以使讣告的内容迅速广泛地得到传播。

讣告有一般式讣告、公告式讣告和新闻报道式讣告之分。其中，公告式讣告，用于党和国家领导人或某些知名人士的逝世；新闻报道式讣告用于有一定新闻性的公众人物。

（2）讣告的具体写作技巧

①讣告的写作格式

讣告通常由以下四个部分组成。

第一，标题。讣告标题由于种类不同，写法也不尽相同。一般式讣告的标题往往是在第一行中间写上"讣告"，或者是在"讣告"前冠以逝者名字和称呼，如"××同志讣告"；公告式讣告的标题往往需标出讣告的发出单位名称，如"中共中央、人大常委会、国务院、中央军委讣告"；新闻报道式讣告的标题宜写明逝世者的姓名、身份，如"著名数学家张广厚逝世"。

第二，正文。讣告的正文一般由三部分内容构成：首先，写明死者的姓名、职务、身份，逝世的原因、日期、地点，终年岁数；其次，介绍死者生平、经历、功绩，做出简要评价，并表明哀悼之意；最后，要写明吊唁、追悼活动的时间、地点。

第三，结语。一般式讣告通常用"谨此讣告"或"特此讣告"结束。公告式讣告则用"×××同志永垂不朽"作结，有时在人名前还加一些评价、颂赞的语言。新闻报道式讣告往往是在追悼会之后才发布。因此不出现讣告字样，并以新闻消息的方式结尾。

第四，落款。落款部分写明发讣告的单位和日期。如果是亲属发的讣告就要写明亲属的称呼和姓名。治丧委员会的人员通常由逝者所在单位负责人或有代表性的人物以及逝者家属亲友代表组成。

②讣告的写作注意事项

在写作讣告时，除了要遵守上面的写作格式，还要特别注意以下几个方面。

第一，在写作讣告时，要尽量准确了解和掌握逝者的简历、生平事迹

第六章 社交礼仪应用文写作实训研究

和治丧活动的安排情况等,以保证讣告内容的真实准确。

第二,在写作讣告时,语言必须要简练庄重,篇幅要短小精悍,但要表现出哀伤沉郁的情绪。

第三,在写作讣告时,为了表达哀思,一般采用白纸黑字书写,在报刊上登载公布时常加黑边框。

2.唁电的写作技巧

(1)唁电的基本认知

唁电就是死者在外地的亲友因各种原因不能奔丧悼念而向其家属表示吊问的电报。[①]唁电既可以表示对死者的悼念,又可以向死者亲属表示恳切的问候、安慰。

(2)唁电的具体写作技巧

①唁电的写作格式

唁电通常由以下五个部分组成。

第一,标题。唁电标题的组成有两种形式:一种直接由文种名称构成,如直接在第一行正中书写"唁电"二字;另一种由逝者亲属姓名或单位名称和文种名共同构成,如"致××女士的唁电"。

第二,称呼。标题另起一行顶格写接受唁电单位名称或逝世者家属姓名,在家属姓名后应加上"同志""先生""夫人"等相应称呼。

第三,正文。首先直接抒写噩耗传来之后的悲恸心情,话无须过多;其次是以沉痛的心情,简述双方在交往中逝者生前所表现的优秀品德及功绩;再次是表达致电单位或个人对逝者遗志的继承和决心,或表达一定要在逝者优秀品德或精神的感召下奋勇前进等;最后是向逝者家属表示亲切的问候和安慰。

第四,结尾。唁电结尾一般写上"肃此电达""特电慰问"等字样。

第五,落款。在正文右下方写上单位名称或个人姓名,下行写上发文的年、月、日。

②唁电的写作注意事项

在写作唁电时,除了要遵守上面的写作格式,还要特别注意以下几个方面。

---

① 沈邦兵,宋婷,王静.应用文写作[M].成都:电子科技大学出版社,2015:217.

第一,在写作唁电时,要将悲恸悼念之情浸透全文,语气要体贴入微,能让对方真正从你的文字中得到抚慰和问候。

第二,在写作唁电时,要把重点放在问候对方上,要让对方切实感受到你的关怀。

第三,在写作唁电时,叙述逝世者的品德、情操、功绩要抓住本质和重点,不必一一赘述。

第四,在写作唁电时,语言要精练、概括,文字要简约。用词要十分恰当,尤其对死者评价要准确,如不太了解死者情况,可少说或不说。

3.悼词的写作技巧

(1)悼词的基本认知

悼词有广义和狭义之分。广义的悼词指向死者表示哀悼、缅怀与敬意的一切形式的悼念性文章,有的侧重于议论,有的侧重于抒情,形式比较多样;狭义的悼词专指在追悼会上由主祭人对死者表示敬意和哀思时宣读的文稿。

①悼词的特点

悼词的特点,主要有以下几个。

第一,悼词应是言简意赅的。在悼词中,需要对死者的生平进行简要总结,还要肯定其业绩以及社会价值。

第二,悼词应有积极的基调。现代悼词对死者的生平、业绩和社会价值等进行介绍,目的是为了更好地面向现在、展望未来。因此,现代悼词有着积极的基调,而且内容充满力量,能够起到振奋人心的作用。

第三,悼词的表现手法是极为多样化的,可以用记叙的手法写作悼词,也可以用议论、抒情的手法来写作悼词。

②悼词的种类

悼词依据不同的标准可以分为不同的类型,下面介绍几种常见的分类方式。

第一,以表现手段为依据,悼词可以分为三种不同的类型:一是注重对死者的生平业绩进行记叙的记叙式悼词;二是注重对死者的社会价值或社会贡献进行议论的议论式悼词;三是注重对死者表达悼念之情的抒情式悼词。需要注意的是,以上三类悼词的具体运用中,往往会出穿插一些其他类的悼词。比如,在使用记叙式悼词时,可适当地进行抒情或是抒发议论。

第六章 社交礼仪应用文写作实训研究

第二,以用途为依据,悼词可以分为两种不同的类型。一种是专门用于追悼会的宣读体悼词,该类悼词多是由死者生前的组织领导,向所有参加追悼会的人员进行宣读;多是对死者生平业绩或社会价值的记叙或议论,很少会进行个人抒情;在内容的长短、追悼事项等方面会受追悼会时间、条件等的影响。另一种是书面体悼词,该类悼词有着广泛的内容和多样的形式,而且多会在媒体上予以发表,以表示对死者的怀念,或是表明死者所具有的高贵品质和精神对当代人所具有的激励意义和鼓舞作用等。

（2）悼词的具体写作技巧

①悼词的写作格式

悼词通常由以下四个部分组成。

第一,标题。悼词的标题一般写作"××同志悼词"或"在××同志追悼大会上的悼词",致悼词者写在标题下面,单独占一行。

第二,称呼。宜用"同志们""女士们、先生们"或"各位亲友""各位同事"之类的共称。

第三,正文。悼词的正文要以沉痛的语气点明悼念者的心情,及悼念什么人;简介死者去世前所担任的各种职务、职称,以示尊崇,并要注意这些称号之间的先后排列顺序,说明由于何种原因在何年何月何日几时几分不幸逝世及终年岁数;按时间先后顺序对死者的籍贯、学历、经历以及生平业绩进行集中介绍,要注意详略得当,重点突出死者对人民、对社会的贡献;对死者的一生进行全面的总结性评价,一般用一长段文字或几段文字,概括地介绍他的高尚品德和突出贡献,评价应恰当、公允,用语要仔细斟酌,反复推敲,应先征得死者家属和有关领导的同意;表示生者对死者的悼念,勉励到会者化悲痛为力量,以实际行动来悼念死者。

第四,结束语。通常以"××同志安息吧"或"××同志永垂不朽""××同志精神长存"等作结。

②悼词的写作注意事项

在写作悼词时,除了要遵守上面的写作格式,还要特别注意以下两个方面。

第一,在写作悼词时,要有积极的基调。悼词的语言既要表达对死者的哀伤追思之情,又要给人以慰藉与鼓舞。要排除一切悲观主义、虚无主义等消极情绪,面向现在和将来。

第二,在写作悼词时,要公允地评价死者。可适当多一些赞美之词,但不能过头。死者生前的某些缺点、错误一般不宜写入悼词,必须写的,也要巧妙设词,含蓄委婉,避免对死者亲属带来刺激的语句。

(五)礼仪信函的写作技巧

1. 礼仪信函及其写作的总体要求

(1)礼仪信函的基本认知

礼仪信函指国家机关、企事业单位、团体或个人在节庆、哀丧及其他社交场合用以表示礼节的、具有固定格式的文书。它是人们在礼仪活动和社会交往中用以传播信息、交流情感、协调关系的重要媒介。

礼仪信函具有四个鲜明的特点,具体如下。

第一,交际性。随着社会的发展,礼仪越来越受到人们的重视。人们往往通过礼仪信函达到密切联系、沟通感情、增进友谊的目的。可见,交际性是礼仪信函的重要特点。

第二,针对性。礼仪信函是为了适应社交活动、处理人际关系而写作,要根据不同对象的实际情况和具体事由进行写作,具有很强的针对性。而且,针对性越强,表达效果越好。

第三,情感性。礼仪信函在注重实用的前提下,更加注重情感性,写作时需要根据具体场景表达不同的感情,遣词造句必须与所表达的情感相吻合。

第四,艺术性。礼仪信函往往需要一定的艺术设计,如有封面的文书常常需要烫金字或简单装帧,没有封面的信函对纸张、字体也十分考究,而且必须与所使用的场合相协调。

(2)礼仪信函写作的总体要求

在写作礼仪信函时,必须遵守以下几项要求。

第一,在写作礼仪信函时,应尽量多地了解情况,根据不同的社交场合选用不同的体式,表达不同的情感。

第二,在写作礼仪信函时,应情理交融、文情并茂,字里行间要流露出真切的情感,表现出较强的感染力。

第三,在写作礼仪信函时,不宜长篇大论,篇幅长了容易令人感到沉闷,且冲淡气氛。

第四,在写作礼仪信函时,要用语得体,措辞既要有分寸感,又要符合该文种的某种特定风格。

2. 不同种类礼仪信函的写作技巧

礼仪信函包含的具体种类有很多,这里着重介绍几种常用文种的写作技巧。

(1)慰问信的写作技巧

①慰问信的基本认知

慰问信是机关部门或者个人以组织或个人的名义在他人做出重大贡献时、遇到灾害及不幸时,或是适逢节假日时,向对方表示慰藉、鼓励、问候、关切的专用书信。

慰问信具有两个鲜明的特点:一是慰劳性,慰问、犒劳是慰问信的功能所在,有突出贡献的集体和个人因其功而该受到犒劳,遭受意外事故灾难的集体和个人因其不幸而应受到慰问;二是鼓励性,无论是做出突出贡献者还是遭受意外事故或灾难者,或者再接再厉、再立新功,或者克难攻坚、再度奋起,不仅需要理解和同情,而且需要国家的鼓励、组织的鼓励、亲人的鼓励。

慰问信以其内容为依据,大致可以分为三类:一是表彰性慰问信,即给做出巨大贡献的集体或个人写的慰问信;二是安抚性慰问信,即给遇到意外损失者写的慰问信;三是礼仪性慰问信,即专门用于节日或纪念日到来之际写的慰问信。

②慰问信的具体写作技巧

关于慰问信的具体写作技巧,可从以下两个方面进行分析。

第一,慰问信的写作格式。在写作慰问信时,通常要由标题、称谓、正文和落款等四个部分构成。慰问信可以直接用文种"慰问信"作标题,也可以用发文者+收文者作标题,如"×××致×××的慰问信"。慰问信的称谓收文对象,要表示尊敬。慰问信的正文由开头、主体和结语三部分组成。其中,开头要扼要叙述慰问的原因、背景,明确对其表达慰问之意。主体部分主要是叙述慰问事项。表彰性慰问信应对其模范事迹、主要业绩作出肯定性的评价,表达表彰、祝贺、慰问之意,并鼓励其再接再厉,不断取得新成绩;安抚性慰问信要对其遭受的损失、面临的困难表示出真诚的关怀、细微的体贴和深切的同情,对其百折不挠的斗争精神予以肯定,鼓起他们斗争的勇气,激励他们迅速摆脱困境;礼仪性慰问信是在重要节日到来之前,对集体或个人进行慰问。结语多以祈祝性习惯用语收束全篇,如"祝你们早日战胜灾害,重建家园"。慰问信的落款一般应包括署名和署时。

第二,慰问信的写作要求。在写作慰问信时,必须要明确慰问对象的基本情况。由于慰问对象不同,因此慰问信写作时要明确慰问对象的基本情况,了解情由,突出不同的主旨,千万不能不分情由写同样的内容,表述同样的感情;用语要富有感情色彩。慰问信要体现组织之间、人与人之间的深厚感情与温暖,应使受慰问者在精神上得到安慰和鼓励,增强克服困难的勇气,给人以继续前进的信心和力量。

（2）感谢信的写作技巧

①感谢信的基本认知

感谢信是得到某人或某单位的帮助、支持或关心后将自己的感激之情用热情礼貌的语言写出的专用书信。

感谢信具有三个鲜明的特点:一是感人性,在现实生活中,单位之间、个人之间互相提供支持帮助的事例数不胜数,但并非每一件事都有致信言谢的必要,只有具体的、真实的、生动的、典型的、感人的事项才值得写感谢信;二是确指性,感谢信属于因事而发,明确向谁致谢、向谁学习;三是感情的鲜明性,致信方在接受关怀帮助中为收信方良好的道德风范和高尚的思想情操所感染,情之所钟,自然会向收信方明确表示学习什么、怎样学习,其中体现的就是感情的鲜明性,可谓情礼兼到之举。

感谢信依据不同的标准可以分为不同的类型,其中常用的分类方式有以下两种。

第一,以感谢对象为依据,可以将感谢信分为写给个人的感谢信和写给集体的感谢信两类。

第二,以存在形式为依据,可以将感谢信分为寄给单位、集体或个人的感谢信和公开张贴的感谢信两类。

②感谢信的具体写作技巧

关于感谢信的具体写作技巧,可从以下两个方面进行分析。

第一,感谢信的写作格式。在写作感谢信时,通常要由标题、称谓、正文和落款等四个部分构成。感谢信的标题可以在第一行居中直接写"感谢信"三字;也可加上感谢对象,如"致××同志的感谢信""致××公司的感谢信";还可再加上感谢者,如"××全家致××派出所的感谢信"。感谢信的称谓,如写给个人就写对方姓名,如写给单位就写单位名称。感谢信的正文由感谢理由和感谢语两部分构成。在写作感谢理由时,首先要准确、具体、生动地叙述对方关心、帮助的事实,交代清楚人

第六章　社交礼仪应用文写作实训研究

物、时间、地点、发生行为的原因、过程、结果等基本情况；其次在叙事基础上对对方的帮助作贴切、诚恳的评价，以揭示其精神实质，肯定对方的行为，赞扬对方的高尚品质。在叙述和评价的字里行间渗透的感激之情应真挚、朴实。在写作感谢语时，直接对对方表达感谢之意。根据情况也可在表达谢意之后表明将以实际行动向对方学习的态度。此时表达谢意的语词要符合实际，情真意切。在正文的最后，可以用"此致敬礼"结束，也可自然结束正文，不写结语。感谢信的落款包括署名和署时。

第二，感谢信的写作要求。在写作感谢信时，必须要对于对方对自己或本单位的帮助的叙述清楚明了，以说明事实为主，以便其他单位了解和群众学习，达到弘扬正气、树立良好的社会风尚的目的；要饱含感情，表示谢意要话语得体，做到既符合被感谢者的身份，也符合感谢者的身份。

（六）告启文的写作技巧

告启文是指党政机关、企事业单位、社会团体或个人就某一具体事项，借助不同形式的媒介物向大众公开陈述、宣告、解说，以使大众周知的一种简短应用文，主要包括启事、海报等。[①]

1. 启事的写作技巧

（1）启事的基本认知

启事是机关、企事业单位、团体或个人在向大众说明某事或希望大众协助办理某事时使用的一种告启文。启事的本意是通过张贴或刊登等形式，对事情进行公开陈述。

①启事的特点

启事的特点，主要有以下几个。

第一，公开性。启事是一种广而告之的文体，它向公众告知、说明某件事情，希望更多的人知道事情的具体内容。因此，启事可以通过广播电视、报纸杂志、板报、布告栏等大众传媒公开进行广泛地宣传。这就表明，启事具有公开性特点。

第二，广泛性。随着社会生活越来越丰富多彩，启事的应用也越来越广泛，如为寻找丢失的物品，可写寻物启事；为获得好的创意，可写征集

[①] 聂春梅，郑宪春. 应用文写作[M]. 长沙：湖南大学出版社，2014：70.

启事;为征得好的员工,可写招聘启事等。凡是想要他人协助、参与、支持的事情,都可以通过启事这种文体表达出来。

第三,简明性。启事的内容单一,因而写作篇幅就较为简短、明了,很多时候只几句话就能表达清楚。

第四,单一性。启事的内容是单一的,即每则启事的事项只能是一个,这便于人们对启告或告知的问题有一个快速、准确的理解与把握,从而达到启事的目的。

②启事的种类

启事依据不同的标准可以分为不同的类型,其中常用的分类方式有以下两种。

第一,以内容为依据,可以将启事分为招商启事、征稿启事、招聘启事、寻人启事、招生启事等。

第二,以发布形式为依据,可以将启事分为报刊启事、电视启事、广播启事、张贴启事等。

(2)启事的具体写作技巧

①启事的写作格式

启事通常由以下三个部分构成。

第一,标题。启事标题的写法有多种:一是单独用文种作标题,如"启事";二是单独用内容作标题,如"征稿";三是用内容和文种组成标题,如"招聘启事";四是启事者和文种组成标题,如"某公司启事";五是由启事者、内容和文种组成标题,如"某公司更名启事"等。

第二,正文。启事的正文内容一般包括启事的目的、原因、事项及要求等内容,而且写作时应根据不同类别启事的内容及要求,突出启事的相关事项。比如,招聘启事要写明招聘单位的基本情况,招聘的目的及原则,招聘的岗位、对象、名额、条件及待遇,招聘时间、地点及方法。此外,在写作启事的正文时,可以以实际需要为依据,选择最为恰当的写法,有一段式、分段式、标题式及条款式等。

第三,落款。这一部分一般要写明联系地址、电话、联系人姓名或者签署启事者姓名、时间等。题目或正文中已有启事单位名称的可不再重复,凡以机关、企事业单位、团体的名义张贴的启事,应加盖公章。

②启事的写作注意事项

在写作启事时,除了要遵守上面的写作格式,还要特别注意以下几个方面。

第六章 社交礼仪应用文写作实训研究

第一,在写作启事时,标题要力求明确醒目,最好让大众通过标题明了启事的主要目的和内容。

第二,在写作启事时,事项要严密、完整,不遗漏应启之事,而且要表述清楚,切忌含糊不清。

第三,在写作启事时,用语要热情、礼貌,而且言辞要恳切,以便受众能够对此产生信任。

2. 海报的写作技巧

(1)海报的基本认知

海报也是告启文的一种重要形式,其是通过向大众介绍、发布和宣传一些信息,来吸引大众的注意,或是鼓动大众参与到海报中所提到的活动之中。

①海报的特点

海报的特点,主要有以下几个。

第一,宣传性。海报从某种角度来说也是一种广告,其目的是通过宣传一定的信息来引起社会各界人士的关注与参与。为了更好地对信息进行宣传,海报通常会进行一定的美术设计,还经常张贴在人们易于见到的地方。

第二,商业性。海报有多种类型,而最常见的是演出类海报。这一类海报多是宣传相关的演出信息,目的是吸引人们的关注和参与,继而实现一定的商业性目的。

第三,灵活性。海报在表现形式上比较灵活,同时在整体创意和美术设计方面注重艺术性和思想性。

②海报的种类

海报依据不同的标准可以分为不同的类型,其中常用的分类方式有以下两种。

第一,以表现形式为依据,可以将海报分为文字海报和美术海报两类。

第二,以表现内容为依据,可以将海报分为电影海报、文艺演出海报、体育比赛海报、学术报告海报等。

(2)海报的具体写作技巧

①海报的写作格式

在对海报进行写作时,需要遵循一定的格式,具体有以下几部分。

第一,标题。一般来说,海报的标题有多种写法,可以是直接用"海报"二字做标题,要将其写在第一行的中间位置;可以是直接用内容做海报的标题,如"影讯""舞讯"等;也可以是内容加"海报"二字做标题,如"晚会演出海报";还可以是用描述性的文字作为海报的标题,如"春节特惠,×××店铺七折好物等你来拿"。

第二,正文。海报的正文主要是与活动相关的信息,包括活动的目的、意义、时间、地点、内容、参与方式以及注意事项等。

第三,落款。海报的落款,主要是标明主办单位的名称,还需要将具体的发文日期在这一部分显示出来。

②海报的写作注意事项

在写作海报时,除了要遵守上面的写作格式,还要特别注意以下两个方面。

第一,在写作海报时,应尽量做到图文并茂,以渲染气氛、强化效果,吸引受众的兴趣。

第二,在写作海报时,必须要使用简洁明了的语言,同时表述要有吸引力及鼓动性。

第七章 科技应用文写作实训研究

在科学技术的发展、研究与管理活动中,科技应用文都发挥着重要的作用。科技应用文的写作结果是形成了各种科技文献,而这些科技文献也成为科技信息的物质载体,成为科学技术发明、创造(创新)及确认的客观依据。在本章中,将对科技应用文及其写作技巧进行详细分析。

第一节 科技应用文的概念与分类

一、科技应用文的概念

科技应用文是科学研究、科技管理工作中交流思想、互通信息、处理事务、解决问题时经常使用的具有一定惯用格式的文体总称。[1]写作科技应用文,就是以国家相关科学技术政策、法律、法规为根据,以书面语言(包括插图、表格、公式、数据、符号等)为表达手段,以科学技术为表达对象,将内容丰富的科学技术和系统的写作知识、技能融合在一起,对科学技术领域的各种现象、活动及成果,进行记录总结、描述、贮存、交流传播和普及,及时沟通科技信息,处理科技领域里的各种事务,以推动科学技术进步和国民经济全面、持续、健康向前发展的创造性的认识和书写的实践活动。

---

[1] 夏晓鸣.应用文写作[M].上海:复旦大学出版社,2008:172.

二、科技应用文的分类

以科技应用文的性质、内容、使用范围和写作特点为依据,可以将科技应用文细分为以下几类。

(一)科技报告类应用文

这一类科技应用文是对科学技术活动的进展情况进行描述、对科技活动的成果进行展示的应用文体。其主要用于立项审批以及沟通信息、报告情况、提供应用、促进学术交流等,且具有告知性、技术性以及一定时期的保密性特点。科技项目进度报告、科学考察(调查)报告、科技试验报告等都属于这一类科技应用文的范畴。

(二)科技论说类应用文

这一类科技应用文是基于科学研究成果而形成的论述性学术应用文,需要对科学思想、见解和主张进行反映与表达,也需要分析、论证和探索某一学科领域的理论问题。一般来说,在发布、交流与传播科技成果时,就需要使用科技论说类应用文。学术论文、学位论文、科技专著、专业教材等都属于这一类科技应用文的范畴。

(三)科技说明类应用文

这一类科技应用文是对某项工程设计的方案,或对所设计产品的性能、原理、用途、使用方法等进行介绍、说明的应用文体。其应用范围广、使用量大,而且实用性强。工程设计说明书、产品设计说明书、毕业设计说明书、科普说明文等都属于这一类科技应用文的范畴。

(四)科技申报类应用文

这一类科技应用文是开展科学研究和科技活动必须撰写或填报的前提性文件,只有待有关部门审批后,申报单位或个人才能更好地实施科研活动。科技成果鉴定申请书、科研项目申请书等都属于这一类科技应用文的范畴。

（五）科技信息类应用文

这一类科技应用文是指在搜集、研究、整理以及交流科技信息过程中所形成的应用文体。这些文体主要有传递性、知识性、时效性、资料性的特点，主要发挥传递科技信息、介绍科技成果、评论科技发展、综述科技工作的作用。科技综述、科技述评、科技题录、索引、文摘以及科技动态等都属于这一类科技应用文的范畴。

（六）科技日常管理类应用文

这一类科技应用文主要是指在科技活动、科技工作的日常管理中所形成的有关应用文体。其主要用来交流信息、处理事务、协调关系等。科技工作计划、科技建议书、简报等都属于这一类科技应用文的范畴。

（七）科技合同类应用文

这一类科技应用文是开展科学技术活动时，具有两方以上的行为主体为实现一定的目的，经过协商而制定的具有约束力的契约性文书。技术咨询合同、技术转让合同、科研立项合同等都属于这一类科技应用文的范畴。

（八）科普类应用文

在科技应用文中，科普类应用文也是十分重要的一类。科普类应用文是指为普及科学技术知识而形成的应用文体，其主要目的是采用各种通俗易懂的方法和深入浅出的语言，传播和普及科学知识和技术技能，提高全体人民的科学素质。科普说明文、科技小品、科技常识等都属于这一类科技应用文的范畴。

第二节　科技应用文的特征与作用

一、科技应用文的特征

与其他文种的应用文相比，科技应用文具有以下几个鲜明的特征。

（一）科学性

科学性可以说是科技应用文最为显著的一个特征,因为科技应用文中所反映的往往是客观规律、所揭示的往往是事物的本质等。具体来看,科技应用文的科学性主要体现在以下两个方面。

第一,科技应用文的内容是科学的。科技应用文中的内容全都是自然科学和工程技术领域极具价值的信息,如原理、定律、公式和法则等。这些信息是通过反复的科学技术实践而得出的,能够对事物的本质与规律予以正确反映,且不会因人的主观意志而改变。

第二,科技应用文的表达是科学的。科技应用文的内容必须与客观实际相符合,且在行文时必须要有严密的逻辑性和层次性,否则无法精准阐明研究对象的性质和规律等。

（二）专业性

对于科技应用文来说,专业性也是其特征之一。科技应用文的专业性特征,主要体现在以下几个方面。

第一,科技应用文的写作者都具有相关领域的专业知识,同时科技应用文的写作受体也具有这方面的专业知识。

第二,科技应用文的内容具有很强的专业性。

第三,科技应用文的语言及其表达具有专业性。在科技应用文中,会涉及很多的专业概念和专业用语,还会使用大量的表格、插图等非自然语言的图形和公式、符号等符号语言系统,以保证文章的专业性。

（三）实用性

科技应用文具有实用性特征,关于这一特征,我们可以从以下两个方面进行分析。

第一,科技应用文涉及很多科学技术知识,不仅能丰富人们的科技专业知识,而且能帮助人们解决各种各样的实际问题,如物质生产问题、工程建设问题等,还可以推动科学技术的繁荣、国民经济的发展。

第二,科技应用文在写作时,首先需要全面了解文章受体,然后在文体、内容、表达重点、表达技巧等方面进行有针对性的行文。这样一来,所写作的科技应用文既能体现专业性要求,又能确保不同的受体都能够理解文章,继而有所收获。

第七章　科技应用文写作实训研究

（四）规范性

科技写作从本质上来说，是一种创造性的认知和书写实践活动，在长期的应用过程中逐渐形成了约定俗成的体式规范，且这些规范很多以法规的形式予以了确定。在写作科技应用文时，必须要遵守相关的提示规范，以便其能够充分发挥自己的作用。

二、科技应用文的作用

科学技术是经济和社会发展的首要推动力量，是国家强盛的决定因素。掌握科技应用文写作与阅读科技文献已不是专业研究人员的"专利"，它不只是科技人员用来书面描述、反映以及存储科技成果、科技信息的重要载体，也是科技写作的受体对象阅读科研文献、接受学术信息的重要媒介。因此，科技应用文在当代社会中发挥的作用越来越重要。具体来看，科技应用文的作用主要有以下几个。

（一）工具作用

科技应用文的这一作用指的是，科技应用文在科学技术活动中有直接的实践价值，无论是科技工作计划、总结、会议纪要、简报，还是科技建议书等，都在科技工作中直接指导科技活动、科技工作。这种指导作用主要体现在开展科技活动、科技工作，主要用于交流信息、处理事务、协调关系、进行管理工作。

（二）记录作用

科技应用文的内容主要反映科学领域的科技研究状况、科技发展水平及其最新成果，同时，科技工作者在交流科技信息过程中还把某个时期、某个领域形成的科技成果搜集、研究、整理出来，如形成科技综述、述评、索引、文摘等文体。这些科技应用文发挥了记录和反映科学研究成果，反映科学思想、见解和主张，传递科技信息、评论科技发展、综述科技工作、介绍科技成果的作用。

（三）教育作用

在科技应用文中，有一些对人们的行动准则和行为方式进行了一定的规范,特别是依据有关法规在对科技成果进行审查、鉴定、评估、奖励过程中所形成的各种应用文体,对于人们该做什么,不该做什么,在什么时间、什么范围、以什么问题上可做或不可做,能做到什么程度等,都有明确的规定。从这一角度来说,科技应用文发挥着教育作用。

(四)凭证作用

科技应用文能够描述科学技术活动进展情况以及有关结果的进展情况,而上级机关在制定方针、政策和指导工作时,除了依据耳闻目睹的实际情况外,一个非常重要的方法就是根据科技资料来开展工作。它们的主要作用在于沟通信息、报告情况、提供应用,可以为上级机关制定方针、政策、法规等提供科学决策的依据。

第三节 科技应用文的写作技巧研究

一、科技应用文写作的总体要求

科技应用文的写作有着较为严格的行文规则,具体来看,在写作科技应用文时必须遵守以下事项。

第一,在写作科技应用文时,必须要正确地反映客观事物,准确地利用科学理论,创造性地揭示科学规律。这可以说是科技应用文写作的一个重要目的,也是科技应用文的价值所在。

第二,在写作科技应用文时,内容一定要真实可靠,切忌虚构。但是,对学术观点,可以各抒己见,百家争鸣。也就是说,在写作科技应用文时,不能囿于其他人的学术观点,要切实以自己搜集的材料以及自己的研究为依据,提出一些新的观点或思想。

第三,在写作科技应用文时,要注意写作的格式。一般来说,所写作的科技应用文若有严格的格式要求,则必须按照规定的格式书写。若是没有严格的格式要求,则按照约定俗成的格式书写即可。

第四,在写作科技应用文时,可以一种文体为主,兼用其他文体。比如,以说明文体为主,兼用议论文体。

第五,在写作科技应用文时,文字应简明、准确,论据要求详细、充分,说明要求朴实、清晰,要尽量做到一般人看了都能懂。

二、不同文种科技应用文的写作技巧

科技应用文包含的文种有很多,这里着重介绍几种常用文种的写作技巧。

(一)学术论文的写作技巧

1.学术论文的基本认知

学术论文是人们对某个科学领域中的学术问题进行科学研究后,系统阐述研究成果的理论文章。学术论文是某一学科领域科学研究的结晶,而不是现象的简单记录和材料的机械罗列;是对真理的探索寻求,而不是对他人研究成果的叠加。学术论文的作者必须站在一定的理论高度来发现问题、分析问题、解决问题,从而论证自己的新发现、新成果。

(1)学术论文的特点

学术论文的特点,具体来说有以下几个。

①科学性

在写作学术论文时,写作者在进行立论时,必须从客观实际以及真实实验出发,不能主观进行臆造,也不能将个人的好恶带入立论之中。此外,在展开论据时,必须以尽可能多的客观资料为依据,确保论据的真实性和充分性。而在论证时,还必须进行周密思考,并要论证行为逻辑的清晰性与严谨性。做到了以上几点,才能保证学术论文的科学性,而且这样的学术论文才会具有价值。

②真实性

真实性对于任何一篇学术论文来说,都是必须要具备的特性之一。学术论文中的观点必须是写作者自己真实原创的,不能有虚假的成分。若是存在这些行为,学术论文就无价值可言了。

③创造性

在写作学术论文时,写作者往往要呈现出自己独特的见解,提出新的理论、观点和方法等。因此,创造性是学术论文的一个鲜明特点。一篇没有创造性的学术论文,是没有价值可言的。为此,在写作学术论文时,要特别突出其创造性。而要保证学术论文的创造性,就需要写作者长期对某一领域的问题进行细致、周密的分析,从中发现其他人还未涉及的研究点或研究方向;也可以是对别人的研究结果进行综合,并在此基础上进行比较与创新。总之,要保证学术论文的创造性,就必须要避免人云亦云。

④简明性

学术论文这一特点指的是写作者在写作学术论文时,必须用最简洁清晰的语言将深刻的原理、精密的理论表达出来,以扩大其传播和影响范围。

(2)学术论文的种类

学术论文依据不同的标准可以分为不同的类型,下面介绍几种常见的分类方式。

①以研究的门类为依据进行分类

以研究的门类为依据,可以将学术论文分为自然科学论文和社会科学论文两类。其中,自然科学论文是在科学实验和科学研究的基础上,对科学领域的某些现象、某些问题,进行科学的分析和阐述,揭示这些现象的本质及规律的论文。社会科学论文主要以逻辑、推理等理论方法构建文章。

②以创作目的为依据进行分类

以创作目的为依据,可以将学术论文分为交流性论文和学位论文两类。其中,交流性论文主要是在学术会议上宣读、交流或讨论,或在学术刊物上发表的论文,创作目的是与相关领域学者进行学术探讨,阐述各自观点,以便于互相交流进步。学位论文是表明作者从事科学研究取得创造性的结果或有了新的见解,并以此为内容撰写而成,作为提出申请授予相应学位时评审用的学术论文。其主要是通过论文展示学术水平,成为申请授予相应学位的重要依据。

③以研究目的为依据进行分类

以研究目的为依据,可以将学术论文分为理论研究型论文和实践研究型论文两类。其中,理论研究型论文侧重于对不同学科领域的基本概念、基本原理进行分析研究;实践研究型论文侧重于将各学科领域的理论知识转化为具体可操作的专门技术,即将科技知识转化为实践。

2. 学术论文的具体写作技巧

（1）学术论文的写作格式

学术论文通常由以下九个部分构成。

①标题

学术论文的标题要注意将论文所论证的问题或是所展示的中心论点反映出来，一定要避免文题不符的情况。另外，学术论文的标题要尽量简明扼要，最好不超过20个字；要避免在标题中出现语法逻辑上的错误。

②摘要

在学术论文中，摘要一般位于标题、作者之后，正文之前。摘要如同论文的浓缩精华，确保读者不看论文主体就可从中获得论文的论点、论证方法、结论。摘要就是简短地陈述论文的内容论点，因而这一部分也要尽可能简洁，太长或是太短都是不可取的，以200～300字为宜。另外，在写摘要时，绝不能照搬论文中的标题。

③关键词

关键词通常位于摘要的下一排，其是为了文献标引工作而出现，显示论文关键信息的单词或术语。一篇学术论文可以用3～8个词作为关键词，且要尽可能使用《汉语主题词表》提供的规范词，以方便读者检索。

④目录

学术论文在篇幅较长的情况下，可以附上一个目录。在目录中，需要将论文的整体结构展现出来，即展示论文的各级标题，并标注相应的页码，以便于读者进行阅读。

⑤正文

学术论文的正文，主要是由以下几部分构成的。

第一，绪论。在绪论部分，需要对研究意义进行阐明，还需要说明当前的研究进展以及采用的研究方法等。

第二，本论。本论根据学科不同、研究对象不同，没有统一的要求，一般的内容有论点、论据（理论论据、事实论据、实验数据、调查结果等）、论证方法、图表、实验结果等。

第三，结论。结论是学术论文的意义所在，要能够将论文的观点进行概括，并提出一些建议或设想等。

⑥注释

在学术论文中,注释是必不可少的。常见的学术论文注释有两种:一种是资料注,即对引用文献资料的来源作详细的注明,这体现了对前人劳动成果的尊重,也为读者查阅相关资料提供了便利;另一种是内容注,即有些概念、论述属于背景资料的范围,不便在文中展开论述,但又需要给读者解释清楚,这里就要进行注释,其能够在保证论文连贯性的同时,增加读者的信息量。还需要注意的一点是,著作、期刊、报纸文献等的注释体例是有所不同的,要根据规定的体例进行书写。

⑦参考文献

在学术论文中,参考文献也是不可缺少的一部分。参考文献是写作论文时所参考、引用的相关文献,位置在文章结尾统一排列。学术论文对于参考文献的写法也有明确规定,一定要按照规定书写。

⑧致谢

有些论文还要对相关的协助人员和协作单位表示谢意,这就需要增加"致谢"这一部分。通常来说,可在文末致谢。

⑨附录

当学术论文中出现了一些不适宜放在正文中的材料时,就可以将其作为附件放在文章最后。

(2)学术论文的写作步骤

学术论文的写作,不仅有较为统一的格式,还有较为统一的写作步骤。通常而言,在写作一篇学术论文中,需要经过以下几个环节。

①选择学术论文的课题

在写作学术论文时,首选要做的就是选择学术课题。爱因斯坦曾经说过,提出问题要比解决问题更为重要。因此,必须重视选择恰当的学术课题。在这一过程中,需要有正确的态度,还要有科学的方法,以保证后续研究以及论文写作都能顺利进行。

在选择学术论文的课题时,要确保其必须具有一定的意义,即所选择的研究课题是能够对社会发展或是科学进步产生积极意义的问题。为此,在对研究课题进行选择时,必须要考虑到其是否能促进当前社会的发展,能否促进相关学科领域的进步,或是在学科领域具有开创作用。除此之外,学术论文课题的选择还应该考虑到新颖性,即要选择具有创新性的研究课题。此外,所选择的学术论文课题必须要有可行性,没有可行性的课题也就没有研究的价值。

第七章 科技应用文写作实训研究

对于写作者来说,要选择恰当的学术论文课题,可以借助于两种有效的途径。一种是主动寻找学术论文课题。在当前的学术研究领域,几乎各种论题都已经被涉及。在这种情况之下,研究者要选择研究课题,可以是对已有理论问题从一个新的角度进行分析,或是对已有的论题从内涵和外延两个方面进行扩展,还可以是对与研究课题相关的交叉学科展开研究。另一种是根据现有的研究任务对研究课题予以明确。为了推动科学研究的发展,国家和相关研究部门每年都会提出一些研究课题,并将其分配给不同的研究者。此时,研究者就可以根据自己的研究兴趣,选择一个自己有能力实现的研究课题。

②搜集全面、可靠的学术论文资料

要写一篇好的学术论文,必须要占有大量的相关资料,而且所搜集的资料应有一定的深度。在开展这一环节时,要切实围绕着选题进行,对相关领域的横向研究资料和纵向研究资料进行广泛收集,还需要明确现有研究取得的成果、尚未解决的问题以及可进一步深入研究的方向等。此外,学术论文资料主要分为三部分,分别是文献资料、实验资料和调查资料。其中,文献资料大致包括著作、期刊、报纸、学位论文、会议论文等。对于文献资料,查找的途径有多种,而对学生来说最为方便的就是去图书馆查找,以及借助于互联网进行查找。目前,网上搜集资料的主要来源有中国知网(CNKI)、万方数据库、维普数据库、读秀网等。实验资料和调查资料必须保证具有真实性和客观性。

对于写作者来说,在搜集了大量资料后,还需要对其进行整理、分析、比较与加工,从而确定自己的基本观点,形成清晰的观点和思路。

③拟定学术论文的标题

在确定了自己的基本观点、形成了清晰的观点和思路后,就可以拟定学术论文的标题了。一般来说,拟标题应该遵循恰当、简明、新颖的要求,即准确反映核心观点、用语规范明白、整体印象醒目。好的标题能恰如其分地反映研究的方向、范围和深度。

④拟定提纲

在拟定了标题后,还需要以标题为中心对提纲进行拟定。提纲实际上反映的是研究者的研究思路,也是研究者写作论文的总体框架。通过拟定提纲,写作者不仅能够进一步明确自己的研究思想和研究思路,而且可以发现研究中存在的问题,如构思缺陷、材料不充分等,继而更有针对地进行研究,确保论文写作的顺利进行。若是不拟定提纲就直接写初稿,很可能因构思不成熟而导致论文思想不深刻、论证不充分等。

通常而言,学术论文的提纲应包括文章的基本论点和主要论据,体现整体结构。学术论文的提纲就内容上来看,可详可略。详细的学术论文提纲,需要将论文的基本框架和主要内容都展现出来,包括各个层级的小标题和主要论点,还有具体的论据和论证方法等。对于简略的学术论文提纲,只简单地列出层次以及每一层次的小标题,清晰地表达出各个层次的关系即可。

在拟定提纲时,还需要明确各个层次之间的关系,可以是并列关系、递进关系、因果关系等。

⑤写作初稿

当前面的四个环节都完成后,就可以进入初稿阶段了。在进行初稿写作时,原则上要以拟定的提纲为依据来进行写作。另外,在写作的过程中要切实做到观点客观、材料能够对观点进行证明、行文具有严谨的逻辑性,还要保证文章层次的清晰性以及语言表达的准确性。

⑥修改定稿

在完成了初稿时,需要对其进行反复修改,以保证最终的成稿有较高的质量。在对初稿进行修改时,可以遵循这样的步骤:对论文初稿进行通读,将文中存在的问题以及文章的缺点都找出来;对文章的论点进行修正,即修改或删除不符合全文逻辑结构的观点、过于主观片面的观点、过于陈旧的观点、阐述错误的观点等;对文章的结构进行调整,以便更好地突出中心主题,并且要保证文章的逻辑严谨、条理清晰;对文章的语言进行修饰,确保其与论文规范的要求相符合。

当完成了论文修改后,就可以对论文定稿了。论文能否定稿,需通过一些标准进行衡量:论文中的论点是否是正确的、科学的;论文中的论据材料是否是真实的、可靠的、恰当的;论文的结构是否是严谨的;论文的语言是否是规范的;等等。此外,对于定稿的论文应进行一些技术性检查工作,以确保论文的严谨性。

(3)学术论文的写作注意事项

在写作学术论文时,除了要遵守上面的写作格式,还要特别注意以下几个方面。

第一,在写作学术论文时,必须要使用真实的材料,否则推导出的结论很可能是错误的,也不能被其他研究者和读者所接受;必须要使用具有典型性的材料,否则无法对论点进行有力的说明,文中的论点也会因无法得到材料支撑而缺乏说服力;必须要使用新颖的材料,以便读者在对材料感到新鲜的同时,更有兴趣去阅读全文。这里所说的新颖材料,既可以是最近发生的与研究课题相关的材料,也可以是从未被研究者关注的材料,还可以是对旧材料从全新的角度进行阐释。只有做到了这一点,才能保证学术论文的论点有理有据。

第二,在写作学术论文时,语言必须要规范,而且要表述清晰,不得出现语法或逻辑上的错误,也不可过分追求文辞、华而不实。

第三,在写作学术论文时,要注意选择恰当的论证方法。论证方法对于一篇学术论文的科学性、逻辑性起着决定性作用,在论文写作中贯穿到各个环节,用途极为广泛。在写作毕业论文时,常用的论文方法有归纳法、演绎法、类比法、事实例证法、对比法、喻证法、反证法、引用法等。

第四,在写作学术论文时,引文不可断章取义,要核对无误,出处要加注释。

(二)毕业论文的写作技巧

1. 毕业论文的基本认知

毕业论文是高等院校应届毕业生在教师指导下,综合运用所学专业的理论知识和技能,对本学科或社会生产实践领域内的某些问题进行探讨、研究后所形成的具有一定创建性的研究文章。通过毕业论文可以对学生所学的知识以及学生的学习能力、问题分析与解决能力等进行检验。

(1)毕业论文的特点

毕业论文的特点,具体来说有以下几个。

①学术性

毕业论文是毕业生对其所学学科领域的某一专题进行研究探讨后产生的成果,侧重于对事物进行抽象、概括的论述。因此,学术性是毕业论文的一个鲜明特点。

②科学性

毕业论文是毕业生从自身实际出发进行写作的,而且在写作过中要从客观实际出发,通过对客体进行仔细周密的观察,获得大量的材料作为立论的依据,用恰当的科学方法和严谨的科学态度从中找出带有普遍意义的规律,揭示事物的本质,从而得出符合客观实际的结论。因此,毕业论文具有科学性特点。

③创新性

毕业生在写毕业论文时,需要用与众不同的观点和视角、用新的方法对问题进行研究,并从中得出新的结论或有新的发现。也就是说,毕业论文要有创新性。

④规范性

毕业论文的写作具有规定的格式,在写作时必须遵守该格式。与此同时,毕业论文在内容上也要体现出规范性。因此,规范性也是毕业论文的一个鲜明特点。

⑤指导性

毕业论文的写作离不开导师的指导,故而其具有指导性特点。导师在对学生的写作进行指导时,要注意以启发为主,充分调动学生的积极性、主动性和创造性,使其能够独立地完成写作。

(2)毕业论文的种类

毕业论文依据不同的标准可以分为不同的类型,下面介绍几种常见的分类方式。

第一,以专业层次和学术水平为依据,可以将毕业论文分为专科毕业论文、本科毕业论文、硕士论文和博士论文。不管是哪种毕业论文都要求学生独立完成调查研究、写作、修改等工作,也可以帮助学生树立认真严谨的科学态度,从而培养他们理论联系实际的工作作风。

第二,以内容性质和研究方法为依据,可以将毕业论文分为理论性论文、实验性论文、描述性论文和设计性论文。

第三,以议论的性质为依据,可以将毕业论文分为立论性的毕业论文和驳论性的毕业论文。其中,立论性的毕业论文在对论点进行阐述论证时,是从正面角度进行的,而且要求有鲜明的论点和重组的论据,还要求论证的严谨性,切实能够以理服人;而驳论性的毕业论文在对论点进行阐述论证时,是从反面进行的,即通过对别人观点的驳斥来证明自己的论点,其行文的侧重点是对某一或某些错误的观点、见解、理论等进行批判与驳斥,要求针锋相对,据理力争。

第四,以针对对象为依据,可以将毕业论文分为四类:一是专题型论文,这一类论文是以前人的研究成果为基础的,往往采用直接论述的形式,从正面提出自己的学术观点或学术见解;二是论辩型论文,这一类论文是以论辩形式展开的,目的是凭借充分的论据,对他们的某一学术观

第七章　科技应用文写作实训研究

点或见解中存在的不足或错误之处予以揭露；三是综述型论文，这一类论文是在对某学科中某一学术问题已有研究成果进行综合、归纳与分析的基础上，提出自己的见解；四是综合型论文，这一类论文实际上是论辩型论文和综述型论文进行融合的结果。

2. 毕业论文的具体写作技巧

（1）毕业论文的写作格式

在写作毕业论文时，通常要由以下几部分构成。

①标题

对于毕业论文来说，标题也是必不可少的。通常而言，毕业论文中应包括以下几种标题。

总标题是毕业论文总体内容的体现，其可以是对全文内容的高度概括，即总标题便是文章的中心论点，这一标题样式有助于读者把握全文内容的核心；可以是通过提问来引起读者的思考，这一标题样式用设问句的方式，隐去要回答的内容，因其观点含蓄能轻易引起读者的注意；可以是对文章内容的范围作出限定，这一标题样式可引起同仁读者的注重与共鸣；等等。

在毕业论文中，为了对论文的研究目的、对象或内容予以明确，还可以添加副标题，用来补充、说明总标题，或是对论文的某一研究侧面予以强调。

在毕业论文中，设置分标题的目的是对论文的层次予以清晰表示。分标题可以采用文字的形式，即用文字将本层次的中心内容概括出来；也可以采用数码的形式，即仅标明"一、二、三……"即可。此外，在设置分标题时，要确保各个分标题都围绕着总论点展开，而且紧扣所属层次的内容，相互之间具有一定的逻辑关系。

②目录

一般来说，学术论文都有较长的篇幅，而且有较为庞大、复杂的理论体系，为了提高读者的阅读效率，可以在正文之前附上一个目录。在目录的帮助下，读者在阅读文章之前就可以大致了解文章的内容与结构，继而决定是否读该文章以及读该文章的方式是精读还是略读。

在设置目录时，要注意将其放在论文正文的前面，而且必须要保证论文的准确性，还需要与全文的提纲保持一致，即目录应与论文的各级标题存在一一对应关系。还有一点需要注意的是，目录中应标注各级标题所对应的页码,而且要保证页码的准确性和完整性。

③内容提要

毕业论文中的内容提要相当于学术论文中的摘要,其是全文内容的缩影,一般放置在论文的篇首。内容提要的写作,为的是便于指导老师在未对论文全文进行审阅时,就能够大致了解文章的主要内容以及研究的逻辑顺序、所取得的研究成果等。除此之外,内容提要也有助于其他读者在阅读全文之前明确是否有必要进行阅读,以节省读者的阅读时间。

在写作这一部分时,写作者应以简单的笔墨,勾画出全文的整体面目;提出主要论点、揭示论文的研究成果、简要叙述全文的框架结构。同时,这部分应写得简明而又全面,要切实抓住要点,并要有说明观点的材料。此外,毕业论文的内容提要只简要地叙述研究的成果即可,不必涉及研究手段、方法、过程等。

④关键词

在学术论文中,关键词通常位于内容提要的左下方,其是为了文献标引工作而出现,显示论文关键信息的单词或术语。一篇毕业论文可以用3~8个词作为关键词,且要尽可能使用《汉语主题词表》提供的规范词,以方便读者检索。为了国际交流,还应注意标注与中文对应的英文关键词。

⑤正文

毕业论文的正文,主要是由以下几部分构成的。

第一,事实根据,即通过本人实际考察所得到事例或现象。需注意,提出的事实根据要客观、真实,必要时要注明出处。

第二,前人的相关论述,如前人的考察方法、考察过程、所得结论等。在这一部分,要将他人的意见、观点与本人的意见、观点明确区分,而且无论是直接引用还是间接引用他人的成果都需要注明出处。

第三,本人的分析、论述和结论等。在以上两点内容的基础上,可以得出自己的分析、论述和结论等。需要注意的是,这三个部分的写作应有一定的逻辑关系。

⑥结论

在毕业论文中,结论也是必须要有的一部分。毕业论文的结论应是整篇论文的结局、是整篇论文的归宿,而不是某一局部问题或某一分支问题的结论,也不是正文中各段小结的简单重复。在写作这一部分时,以下几个方面要予以重视。

第一,在写作结论时,要注意体现出写作者的深层认识,即要从全篇论文的全部材料出发,经过推理、判断、归纳等逻辑分析过程而得到的新的学术总观念、总见解。

第二,在写作结论时,写作者要精炼、准确地阐述创造性工作或新的见解及其意义和作用,还可提出需要进一步讨论的问题和建议。

第三,在写作结论时,要注意准确、完整、明确、精练。

第四,在写作结论时,要注意指出本文研究的不足之处或遗留未予解决的问题,以及对解决这些问题的可能的关键点和方向。

⑦参考文献

在毕业论文中,还需要列出参考文献。参考文献在毕业论文中的作用主要有三个:一是反映出真实的科学依据;二是体现严肃的科学态度,让读者明确论文中出现的观点是写作者自己的还是别人的;三是表示对前人科学成果的尊重,并指明引用资料出处,便于读者检索。毕业论文对于参考文献的写法也有明确规定,一定要按规定书写。同时,参考文献可以按照其在毕业论文中出现的顺序进行书写。

⑧致谢

在毕业论文中,写作者需要对指导教师或相关的协助人员和协作单位表示谢意。因此,毕业论文中必须要包括致谢这一部分。

⑨附录

当毕业论文中出现了一些不适宜放在正文中但又必须要有的材料时,可以将其作为附件放在文章最后。需要注意的是,毕业论文中的附录必须要与正文有密切的关系。

(2)学术论文的写作步骤

学生能否顺利毕业并拿到相应的学位,与其毕业论文的质量有着密不可分的关系。而学生在写毕业论文时,要保证其质量,就需要在写作过程中遵循一定的写作步骤。

①确定毕业论文的选题

在写毕业论文时,首先要做的就是明确"写什么"的问题。毕业论文的选题情况,既会影响其最终的质量,也会影响其所具有的理论价值和社会效益。因此,毕业论文的选题必须要正确、合适。

在选择毕业论文的题目时,可以选自己比较熟悉又感兴趣的题目,也可由导师公布论文选题范围,供学生选择。无论是哪种形式来选择毕业论文的题目,都必须确保所选择的毕业论文题目具有现实意义和科学价值,而且是可行的。

人们进行科学研究,为的是对世界更好地予以认知与改造,继而推动社会的进一步发展。因此,在选择毕业论文的题目时,也要考虑其是否与国家的文明建设需要相符合,是否能够促进国家的科学事业发展,以及是否能解决现实社会中存在的问题。基于这一点,所选择的毕业论文题目必须要与科研的发展方向一致,同时要具有新颖性和创新性,最终的研究成果能够推动社会生产的进一步发展或是解决现实工作中的问题。一项研究若是没有意义,即使花费大量的人力、物力和财力,最终的研究成果也没有价值可言。此外,学生在选择毕业论文的题目时,还要确保其在自己的能力范围之内。这是因为,在写作毕业论文时,不仅要具备一定的客观条件,而且需要写作者详细阐述自己的主张与见解。由于每个人所面临的客观条件不同,而且在主观条件上存在一定的差异,因而要想写好毕业论文,必须确保其与自身的实际情况或实际条件相符合。只有这样,所确定的毕业论文选题才能够具有可行性。

要保证毕业论文选题的可行性,还需要考虑题目范围和难度程度是否适宜。一般来说,本科生毕业论文的选题宜小不宜大。也就是说,本科生在选择毕业论文的题目时,要尽可能从微观入手。这是因为,毕业论文的题目比较大时,把握起来比较有难度;而毕业论文的题目比较小时,则比较容易把握。通常来说,一篇本科毕业论文的字数应在一万字左右,若是选择比较大的题目很可能无法论述清楚和全面,而且论证大的题目需要花费较多的时间,而且要求写作者具有较为丰富的理论知识积累和较为娴熟的写作技巧,而这是一般的本科生难以达到的。总之,本科生必须依据自身的实际情况,尽可能选择较小的题目,切不可片面追求大题目,企图对某一重大的学术问题进行全面阐述,否则结果只能是很难写成高质量的论文。

②搜集、研究资料

毕业论文选题、撰写过程中的一个极为重要的步骤就是搜集并研究资料。对于学生来说,搜集资料可通过图书馆、资料室、实地调查研究等途径,还可以借助于互联网来搜集所需要的资料。搜集资料越具体越好,最好把想要搜集资料的文献目录、详细计划都列出来。

在搜集了大量资料后,需要对资料进行分析与研究。在这一过程中,必须对所有的资料进行阅读,并注意在阅读过程中进行思考,发挥想象力,进行创新。还要注意的一点是,分析研究资料的过程中必须要做好相关的记录,以免因重复查找资料而浪费精力。

在分析、研究资料的基础上,就可以明确论点和选定材料了。论点必须要明确,而且所选定的材料前后之间必须要有逻辑关系或是层层递进关系等。

③写开题报告

当毕业论文的选题确定且搜集、整理、分析了相关资料之后,就需要写开题报告了。开题报告中需要对研究题目进行确定,并对该研究题目的研究历史与现状进行阐述,还要较为周密地安排接下来的研究工作;需要将课题研究的目的和意义,课题研究的准备情况以及论文写作的思路与步骤等进行说明,以便有关部门或人员了解。

在开题报告中,要详细地阐述该项课题研究的必要性和可行性。另外,开题报告中需要包括作者姓名、学科门类、研究方向及年级、导师的姓名和职称、研究题目,以及选题的缘由、目的、意义,研究的背景、方法、措施和步骤,准备情况,预期目标,具体进度和完成时间等内容。当开题报告被通过后,就可以开始正式的论文写作了。

④拟写论文提纲

拟写论文提纲是正式写作论文时的首要工作。提纲是由序数词和文字构成的逻辑图表,是为整篇论文搭起的一个骨架,是写作者将自己前期的研究构思及材料搭配,用简洁的语言符号形式记录下来的论文框架体系。

拟写论文提纲要思考论文的写作意图,包括选题的理由、价值和总论点等,而且要围绕总论点确定分论点,考虑论文的层次、结构和逻辑关系等。此外,在拟写提纲时,要考虑从哪些方面、以什么顺序展开论述总论点。

⑤撰写初稿

论文提纲写好后,就可以撰写初稿了。在写作初稿时,原则上要按照提纲结构上的先后逻辑顺序完成论文绪论、本论和结论的拟稿工作及参考文献的列示。写作中应该尽量切实做到观点与材料统一、逻辑思维严谨、层次结构清晰、文字表达准确。

⑥修改定稿

在撰写完初稿后,还需要对其进行修改。在这一过程中,可以进一步明确是否已表述清楚写作的意图,以及是否准确、详细地阐明了相关论点,是否恰当地运用了论述材料、材料的安排与论证是否有明确的逻辑性,各个段落的结构安排是否恰当与完整,以及文中的句子、词语是否正确妥当,文章的行文是否与规范相符合,等等。在修改完成之后,便形成了论文终稿。

(3)毕业论文的写作注意事项

在写作毕业论文时,除了要遵守上面的写作格式,还要特别注意以下几个方面。

第一,在写作毕业论文时,要注意材料与观点相符合。毕业论文的撰写要遵循理论和实践相结合的原则,运用马克思主义基本理论,党的路线、方针、政策和相关专业知识,具体分析实际问题,并围绕问题搜集尽可能多的第一手资料。在搜集了资料后,还需要对其进行深入分析,形成规律性认知。在此基础上,就可以进一步探索问题的解决方法了。需要注意的是,在论述解决方法时,一定要提出正确的观点,而且要有充分的材料来证明观点,切不可空泛而谈。

第二,在写作毕业论文时,要主题明确,结构严密,合乎逻辑,条理清晰,层次鲜明。

第三,在写作毕业论文时,格式要严谨规范。

第四,在写作毕业论文时,切不可在文字上故弄玄虚,以免语言晦涩难懂,影响文章的质量。

(三)科技报告的写作技巧

1. 科技报告的基本认知

科技工作者在对某一科技工作的开展历史、现状以及未来发展趋势、发展策略等进行陈述,对某项科学技术的考察、试验或研制过程进行记录或描述,对某一科研课题的研究情况进行汇报,对某一科研成果进行书面交流时,都需要用到文字材料,而这些文字材料所形成的文章便被称为科技报告。

(1)科技报告的特点

科技报告的特点,具体来说有以下几个。

①实用性

在写作科技报告时,不仅可以对最终的科研成果进行报告,还可以对科研各个阶段的具体情况进行报告。也就是说,科技报告可以对整个科研过程进行全面、真实、准确且详尽的反映。由于科技报告有时会包括一些涉限、涉密信息，如某一项生产活动的关键或核心技术等，因此其不仅有着很高的技术含量，而且有着很高的使用价值。此外，科技报告侧重于客观实际，这涉及两方面的内容：一是对现实社会中存在的工艺、设备、材料等技术问题进行理论性解答；二是总结在解决技术问题的过程中所形成的经验与教训，为今后的科研与生产提供借鉴。所有这些都表明，科技报告具有实用性特点。

②前沿性

科技报告中所涉及的科技问题，往往与国家的进一步发展有着密切的关系，如影响国家科研战略的重大科学问题、关键技术问题，等等。从这一角度来说，科技报告具有前沿性特点。在科研报告中，人们既能够了解具体的科研过程以及科研中所取得的技术进步成果，还能够了解国家在某项目方面的最新研制进展和研制水平。这不仅能够提升人们的民族自信心和自豪感，而且能激发研究者进一步开展有效的科学研究工作，推动国家的整体科技发展与进步。

③规范性

科技报告的规范性特点，主要体现在三个方面，具体如下。

第一，在撰写科技报告时，不论是题目、目录、摘要和附录的写作，还是具体的行文，必须遵循一定的格式规范与标准。

第二，在撰写科技报告时，要对其进行一定的编号，以便于使用和管理。

第三，在撰写科技报告时，要有翔实的内容和完整的论述，同时要注意科研术语的运用，以保证其科学性。

（2）科技报告的种类

科技报告依据不同的标准可以分为不同的类型，下面介绍几种常见的分类方式。

第一，以研究进度为依据，可以将科技报告分为初步报告、进展报告、中间报告和终结报告。

第二，以研究内容为依据，可以将科技报告分为基础理论研究报告和工程技术报告两类。

第三，以保密程度为依据，可以将科技报告分为绝密报告、机密报告、秘密报告、非密限制发行报告、非密报告、解密报告等。

第四，以性质为依据，可以将科技报告分为科技考察报告、科技试验报告和科技研究报告。其中,科技考察报告主要包含实地考察报告、学术考察报告、技术考察报告等。科技试验报告主要是验证科学假设,陈述试验方法、过程和结果,证实某种理论或设想的科学性。科技研究报告主要是学术性的,其作用是进行学术交流,报道新发明、新成果等,如可行性报告、科学研究报告、科技成果报告等。

2.科技报告的具体写作技巧

(1)科技报告的写作格式

科技报告的种类不同,其写作格式也会有所差异。下面具体分析一下科技考察报告、科技试验报告和科技研究报告的写作格式。

①科技考察报告的写作格式

科技考察是指科技工作者运用观察、调查、探测、采集、测试等方式对未知的科学领域或科技事物进行探索和研究的行为。科技考察报告既是一种科研手段,又是一种信息交流的工具,是根据对考察过中取得的大量科学技术资料进行分析、综合、归纳、整理,反映其中本质性和规律性的东西或其他有参考价值的信息而写成的报告。

在写作科技考察报告时,应包括概述、主体和结论三部分。其中,概述的内容主要是考察工作的背景,参与考察工作的人员组成,考察的时间、地点和考察的对象,考察的目的和意义,以及考察过程的简要介绍等。这一部分应力求写得简明扼要、高度概括、言简意赅,切忌语言啰唆,篇幅冗长。主体的内容包括对哪些部门或哪些方面进行过考察;详细说明考察所了解的现象和事实,并指出其意义;对这些现象和事实的分析;介绍考察所得的专业内容和考察的收获等。这部分内容必须写得详细具体,一般是列出细目,逐条逐项地加以说明,但要注意做到主次分明、重点突出、详略得当。结论应结合科技考察的具体情况,依据对考察内容、考察所得材料的分析和考察的体会,提出有价值的观点、意见和建议等,包括考察得出的全部结论,以及对结论的意义所进行的评价。这一部分要求写得简短、精炼。此外,科技考察报告的研究结论建立在亲自考察和观测而获得的第一手材料的基础上,因而价值很高。

②科技试验报告的写作格式

科技试验报告是科技工作者在科技试验中,对试验过程和结果进行如实记录而形成的告知性书面材料。其主要作用是进一步验证科学理论及其概念、定律、法则,补充和修正前人试验的不足之处;用已有的试验原理做出更高数量级的测试精度；用新的试验方法证明原有的结果；为某项开拓性研究设计全新的试验方案，提高科技人员独立思考和工作的能力。其基本功能是通过对试验过程和结果的报道，记录科学事实，揭示实验对象的本质和规律。

在写作科技试验报告时，应包括题目、作者、摘要、引言、正文、讨论和结论、致谢、参考文献等内容。其中，正文部分主要包括试验目的，即简明扼要地指明进行本试验的意义；试验原理，即进行本试验的理论依据，简要说明本试验中所涉及的概念定律；公式及推导方法等，有的试验报告要给出试验原理图、化学反应式等；试验设备、装置和材料，试验设备包括试验过程中使用的重要设备、特殊设备、自制设备，详细介绍各类设备的原理结构、型号、规格、性能，而实验材料应按照其性质分类详细介绍。化学试验中的试剂应给出形态、体积（或质量）及成分等，试验装置应以其在空间中的位置为序介绍，必要时应给出结构（原理）图；试验方法与步骤，主要介绍试验步骤和操作方法，一般按时间顺序写，同时试验方法包括数据方法和以试验数据为依据的设计计算方法；试验结果，包括描述和分析试验过程中所发生的现象、试验中得到的各种数据发生的误差以及试验的最终结果，试验结果应使用专用术语，引用数据要真实、准确。在讨论部分，要对异常现象和数据误差进行解释，对影响试验结果的因素进行分析，对改进试验方法及装置进行探讨或建议等。在结论部分，要对试验结果做出最后的判断，主要说明本试验验证或发展了哪些科学理论，发现了哪些新的规律；试验取得了哪些成果，这些成果有何价值、作用和意义。

在写作科技试验报告时，还应确保试验原理、方法、数据、结论、表述等正确无误；确保写作过程不带偏见，客观公正地理解和解释现象；注意文字顺畅，符合语法规则和人们的阅读习惯。

③科技研究报告的写作格式

科技研究报告是阐述和说明科学技术研究过程并公布研究成果的报告，是全面、综合地阐述科学技术研究进度和结果的报告类文体。其基本功能是向主管机构课题资助部门、同行或有关人士报告研究工作的进展情况以及取得的成果。

在写作科技研究报告时，应包括题目、作者及单位、摘要、文献综述、引言、正文、结论、致谢、参考文献等内容，其中主要部分是引言、正文和结论三个部分。

还有一点,研究报告一般不要求做理论上的阐述,也不一定是所研究课题的最终研究结果,故不要将其写成学术论文。

(2)科技报告的写作注意事项

在写作科技报告时,除了要遵守上面的写作格式,还要特别注意以下几个方面。

第一,在写作科技报告时,要针对不同的目的和读者对象,选择不同的写作角度,以便于读者接受。

第二,在写作科技报告时,要篇幅不宜过长,资料、数据要准确可靠。

第三,在写作科技报告时,文字要朴实、客观、严谨、简洁。

参考文献

[1] 程宁宁.应用文写作[M].北京：北京邮电大学出版社，2017.

[2] 沈邦兵,宋婷,王静.应用文写作[M].成都：电子科技大学出版社，2015.

[3] 张晓磊.应用文写作[M].北京：首都师范大学出版社，2006.

[4] 丘国新,陈少夫.应用写作教程[M].7版.广州：中山大学出版社，2018.

[5] 袁媛.应用文写作[M].北京：机械工业出版社，2014.

[6] 刘会芹,黄高才.新编应用文写作[M].3版.西安：西安交通大学出版社，2015.

[7] 崔哲.新编经济应用文写作[M].西安：西安电子科技大学出版社，2013.

[8] 夏晓鸣,张剑平.应用文写作.5版[M].北京：首都经济贸易大学出版社，2018.

[9] 韦志国.财经应用写作.3版[M].北京：北京理工大学出版社，2019.

[10] 姚建国,李桦.应用写作训练教程[M].合肥：合肥工业大学出版社，2018.

[11] 华洁芸.现代秘书应用写作[M].北京：首都经济贸易大学出版社，2019.

[12] 陈丽红.经济应用文写作.2版[M].北京：北京理工大学出版社，2017.

[13] 唐建强.应用文写作[M].北京：中国地质大学出版社，2011.

[14] 聂春梅,郑宪春.应用文写作[M].长沙：湖南大学出版社，2014.

[15] 王梅.应用文写作[M].北京：首都经济贸易大学出版社，2018.

[16] 姬瑞环.公文写作实训教程[M].北京：对外经济贸易大学出版社，2019.

[17] 范海玉,曹洪涛. 法律文书实务教程 [M]. 北京：中国民主法制出版社,2015.

[18] 侯宏业. 实用写作教程 [M]. 南京：东南大学出版社,2014.

[19] 洪威雷. 新编大学应用文写作 [M].3 版. 武汉：武汉大学出版社,2013.

[20] 黄立平. 大学语文 [M]. 湘潭：湘潭大学出版社,2014.

[21] 辛欣. 应用文写作 [M]. 北京：九州出版社,2017.

[22] 贾成宽. 常用法律文书写作 [M]. 海口：南海出版公司,2007.

[23] 蒋瑞松,李培军. 新编应用文写作 [M]. 上海：华东理工大学出版社,2005.

[24] 张瑞年,张国俊. 应用文写作大全 [M]. 北京：商务印书馆国际有限公司,2016.

[25] 杨颖. 党政公文写作与范例 [M]. 北京：蓝天出版社,2015.

[26] 孙绍玲. 应用文写作 [M]. 大连：东北财经大学出版社,2006.

[27] 闻君,倪亮,朱军. 行政公文写作及范例全书 [M]. 北京：北京工业大学出版社,2010.

[28] 邱相国. 事务文书写作 [M]. 武汉：武汉大学出版社,2011.

[29] 谢义华. 职场应用文写作教程 [M]. 北京：中国铁道出版社,2012.

[30] 李雷. 新编应用文写作教程 [M]. 青岛：中国海洋大学出版社,2016.

[31] 魏开伟,朱建,许畅. 大学生社交礼仪与应用写作 [M]. 北京：北京理工大学出版社,2017.

[32] 戴承元,李景林. 写作实训教程 [M]. 成都：西南交通大学出版社,2016.

[33] 杨益斌,万露. 应用写作 [M]. 长沙：湖南大学出版社,2014.

[34] 管霞. 新编应用文写作与范例 [M]. 北京：中国物资出版社,2011.

[35] 赫凛冽,应用写作新编 [M]. 大连：东软电子出版社,2013.

[36] 袁媛. 应用文写作 [M]. 北京：机械工业出版社,2014.

[37] 李珂,刘瑶瑶,尚卫平. 实用文体写作一本通 [M]. 北京：中国工人出版社,2017.

[38] 王艳红,徐蓉,应用文写作教程 [M]. 西安：陕西师范大学出版社,2017.

[39] 贺德方,曾建勋.科技报告体系构建研究[M].北京:科学技术文献出版社,2014.

[40] 吴伟凡,大学应用文写作新教程[M].北京:首都经济贸易大学出版社,2018.

[41] 王开淮.应用文写作[M].北京:北京理工大学出版社,2013.